“粮经作物产业技术体系北京市创新团队”专项资助（BAIC09-2016）
北京新农村建设研究基地课题（BJXNCJD09-02-02）资助

北京沟域主导产业多样化发展与适度规模经营研究

刘瑞涵　赵建梅 等　著

中国农业出版社

图书在版编目（CIP）数据

北京沟域主导产业多样化发展与适度规模经营研究/刘瑞涵等著．—北京：中国农业出版社，2016.5

ISBN 978-7-109-21635-8

Ⅰ.①北… Ⅱ.①刘… Ⅲ.①山区经济—产业发展—研究—北京市 Ⅳ.①F127.1

中国版本图书馆 CIP 数据核字（2016）第 090788 号

中国农业出版社出版

（北京市朝阳区麦子店街 18 号楼）

（邮政编码 100125）

责任编辑 姚 红

中国农业出版社印刷厂印刷　　新华书店北京发行所发行

2016 年 5 月第 1 版　　2016 年 5 月北京第 1 次印刷

开本：880mm×1230mm 1/32　　印张：5.375

字数：150 千字

定价：25.00 元

前 言

发展沟域经济是北京山区因地制宜发展经济的重要战略思想之一。沟域经济属于区域经济范畴，是以山区自然沟域为地理空间单元，以该空间范围所涵盖的自然景观、历史文化遗迹和产业资源为基础，统一整合沟域内部的禀赋资源，集成生态涵养、旅游观光、民俗欣赏、高新技术、文化创意、科普教育等产业内容，建成绿色生态、产业融合、规模适宜、特色鲜明和形式多样的沟域产业经济带，最终达到服务和促进首都经济发展和致富农民等目标。

近年来，北京沟域经济实践的新模式不断涌现，理论探索呈现角度多样化的同时，研究力度也在不断深入，从而使沟域经济呈现出实践与理论蓬勃发展的局面。然而，由于北京山区沟域经济作为一种新的发展思路，国内外可借鉴的经验不足，在部分区域实践沟域经济中，仍存在沟域产业布局与沟域的资源、要素及市场发育结构匹配不紧密、产业链条衔接不顺畅、同区域的沟域项目景观形式较单一、同质化有余而多样化不足、依托沟域资源匹配多样化或规模化程度不当等问题。因此，从理论结合实践的角度探索北京沟域经济发展中主导产业多样化经营与适宜规模选择等问题，则显得十分必要并由此成为本研究的主要目的。

本研究在“粮经作物产业技术体系北京市创新团队”和“北京新农村建设研究基地课题”的共同资助下，主要运用与借鉴经济学供求原理、规模经济理论、农产品营销学中的差异化营销理论以及消费者行为学等多学科的基本理论，兼顾定性研究与定量分析方法、结合规范与实证研究等手段，基于宏观统计数据和微观实地调研数据，系统探讨了针对首都山区沟域经济发展中的多样化经营与适宜规模选择问题，进而为进一步提高首都山区沟域经济主导产业在多样化经营与规模化生产的选择上，与其自身各种资源禀赋的匹配水平，提供相关管理参考建议。

书中前言与第一章、第三章由刘瑞涵、赵建梅、吴春霞完成；第二章和第五章由赵建梅、申秋红和刘瑞涵完成；第四章由张怀波和刘瑞涵完成，第六章由桂琳和卢瑞雪完成。全书由赵建梅统稿。

本研究在题目选择、研究思路逐步明晰和研究框架不断完善的过程中，得到了粮经作物产业技术体系北京市创新团队首席专家王俊英研究员以及北京农学院新农村建设研究基地有关专家的悉心点拨与指教。在问卷调研和数据输入及整理过程中，得到了北京农学院市场营销专业 20072046 班、农业经济管理专业

20082041 班和国际贸易专业 20072043 班多数同学的全力配合，课题组在此向上述专家及同学们一并表示感谢！

鉴于课题组成员学术水平有限，本研究尚存在一些方面还有待进一步深入探讨。同时，书稿中可能存在不当、遗漏或作者尚未意识到的缺陷，特请广大读者不吝赐教。

作　者

2016 年 2 月

目　录

第一章　导　论

1.1　研究背景与意义

北京西部的太行山脉和北部与东部的燕山山脉，将北京从西、北和东北三面以山区环绕起来。行政区划上北京山区自西向北、向东依次包括了房山、门头沟、昌平、延庆、怀柔、密云和平谷 7 个山区，使北京市总面积的 62%和人口的 14%处于山区。由此使山区成为多功能、多方位服务于首都生态、生产、生活和可持续发展的重要资源禀赋之地。虽然经历改革开放 30 多年的发展，北京山区农业和经济发展发生了巨大变化，但与首都城市和近郊区的发展相比，山区总体上仍然属于社会经济发展水平相对较低的薄弱环节。

为促进山区经济的快速与平衡发展，实践中以门头沟区农委刘永强主任为代表的一批山区工作者，在北京发展农业区域经济、流域经济的基础上，结合北京山区农业发展的基础与特点，提出了沟域经济的概念。沟域经济的提出，引起了长期进行山区经济研究的学者和专家们的广泛关注。张义丰、谭杰（2009）在阐述沟域经济概念的基础上，针对北京沟域经济发展的理论与实践，从空间组织的角度分析了北京沟域经济发展的模式，并构建了北京沟域经济的可持续发展的指标体系。同时以门头沟为例从实证研究角度，论述了北京山区乡村旅游发展的条件、特点、途径及其前景。何忠伟、王有年、郑一淳等（2011）则在阐述沟域经济发展理论基础的前提下，对沟域经济的内涵与特征、北京沟域经济发展现状、模式及指导原则等进行了系统梳理，并结合对北京地区主要山区（包括怀柔区、门头沟区、房山区、密云区、平谷区、延庆区、昌平区）发展沟域经济典型案例的实证分析，提出了促进北京山区沟域经济发展的政策建议。随着沟域经济实践力度的不断加大，理论上专家学者们从不同角度研究沟域经济的成果越来越多，包括对沟域经济发展的自然禀赋研究、依据自然禀赋优势选择特色经营类型或特色发展模式的研究、寻找沟域经济产业发展突破点的研究等。然而，就沟域经济发展的产业规模选择而言，既有主张以规模经营获取规模效益的观点和实践发展模式，也有倡导以产业多样性发展吸引更多个性需求的呼声和实践探索。因此，从理论上进一步研究规模经济和“吸引多样化个性需求”的各自适宜空间，将对有效指导北京山区沟域经济不同产业衔接互动中的适宜规模选择，具有一定的实践参考价值。本研究将基于山区自然和要素资源禀赋特征，从理论结合实践的角度，探讨沟域产业多样化与适宜规模的选择问题，以期为指导实践提供参考性思路。

1.2 研究目标、内容与框架

1.2.1 研究目标

本研究的总体目标是结合北京山区沟域的资源禀赋特

征，应用经济学供求理论和营销学差异化定位原则，通过供求约束分析，研究北京发展沟域产业时，选择规模经济或多样化衔接的必然性。最终目的为：宏观方面，为北京市政府相关管理部门制定并完善促进北京沟域经济长期、良性发展的有关政策提供参考依据；微观方面，为参与北京沟域产业发展的主要主体，包括企业或农户等提升沟域产业的经营管理能力，并从沟域产业经营中获益而提供借鉴的思路。

1.2.2 研究内容

（1）从基本理论入手，结合对经济学供求理论与规模经济理论、营销学差异化目标市场选择原则及消费者购买行为等内容的回顾与分析，奠定本研究的主要理论依据。

（2）基于北京山区沟域的资源禀赋特征，从供给的角度分析北京沟域主导产业多样化发展与经营规模选择的适宜条件与原则，为进一步结合需求论证前述原则奠定基础。

（3）立足于营销管理的消费者行为理论，采用二元选择模型，实地调研和计量终端消费者对沟域经济不同经营规模或多样化程度的需求特征及忠诚度，为最终确立响应不同需求趋势并适应京郊山区沟域产业要素禀赋特征的经营规模或多样化程度提供参考依据。

（4）综合上述各部分的研究结果，探讨北京发展沟域产业时，在产业的规模经济和多样化衔接中适宜平衡点的选择对策。

（5）通过研究实践中的典型案例，达到理论应用实践并为宏观或微观决策者最终选择或构建不同的沟域产业发展模式提供参考。

1.2.3 研究框架

本研究以选择沟域主导产业多样化衔接及适宜规模为主题，以需求导向为主要出发点，以对沟域经济发展中的供求分析为基础，结合实证研究，进行规范分析，从中得到研究结果。

具体研究框架见图 1－1 所示。

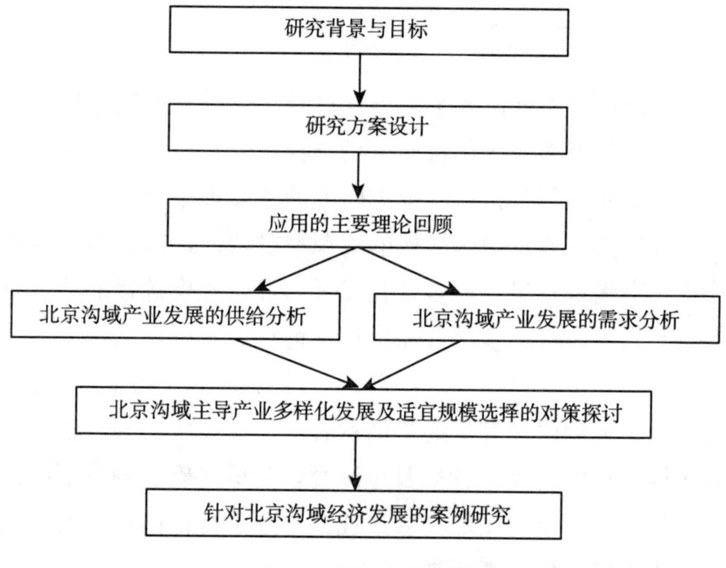

图 1－1　研究的主要框架

1.3 研究方法与数据来源

1.3.1 研究方法

本项研究综合运用与借鉴经济学、市场营销学和消费者行为学等多学科的基本理论，采用定性分析与定量研究相结合、理论规范与实证研究兼顾的方法，通过实地调研、比较分析和构建计量经济学模型等方法，从定性研究出发，然后进行定量实证分析，最后再回到定性规范论证的研究思路，专门探讨北京山区沟域经济不同产业衔接互动中的适宜规模选择问题。

1. 原理上的定性归纳及特征分析

定性归纳的重点在于，结合我国及国外的山地区域进行的农业生产所处的各种环境、地形等因素，对适应其发展模式的重点理论及显著成果进行整体归纳，经过归纳总结将其具有普遍性的方式方法应用在本研究的相关分析中。

规范研究的重点主要是结合以上定量分析的内容，结合经济管理学、市场营销学及购买者心理等诸多领域的研究成果，为北京附近山地区域的沟域模式中各种形式的产业，实现其相互支持的合理方式选择标准，旨在为政府相关部门或其产权拥有者提出合理化的意见及建议。

2. 实际例子的分析及实证研究

结合相关理论，以起初的预调研及制定的有关调查问卷为基础，主要结合不同类型的特性及有关实例，对北京主要城区（西城区、朝阳区、石景山区、东城区、海淀区及丰台区）的沟域景区旅游者、北京附近区域的沟域经济模式等实行重点分析。通过研究、汇总调查问卷有关数据并对其实现系统化整理，利用统计学、二元选择模型等诸多方法，分析消费者对沟域经济发展的实际诉求及认可度，为沟域产业最后选择合理的发展方式提供必要的实证分析及相关参考思路。

1.3.2 数据来源

与沟域经济供给规模和产业多样化选择相关的直接数据比较少，特别是针对北京山区这样一个相对狭小的区域范围，可用的直接统计资料有限。本研究实证研究数据主要来自两个部分：

第一部分是基于与研究对象有关的资源布局状况、现有生产构架等相关产业的以往、目前的发展状况，主要利用以往有关年份的归纳数据及现有的探索成果，以及北京市有关部门和机构的统计及归纳资料。

第二部分主要是辨识相关旅游者的真实诉求、经营者（公司或者个人等）规模经营模式或者经营多样性实例的有关资料，数据基本上出自于实际情况的问卷调查及典型实例的采访。包含了重点调研的北京各主要城区的消费者及北京附近山区中沟域经济发展较好的成功企业等。通过收集以上各方面的资料及相关内容，为本研究的部分内容提供相关数据支持。

第二章　沟域经济多样化发展与适度规模经营的理论基础

重视沟域经济无疑是提升北京山区经济、生态及社会综合发展能力并逐步实现城乡统筹与平衡发展的重要出路之一。在发展沟域经济的过程中，依托不同区域特有的自然地理条件、市场发育程度和土地制度等因素，来综合考虑产业资源配置的丰富程度和其中主导产业经营规模的大小，是相关经营管理者必须面对的问题之一。虽然实践中不同区域各自面临的产业发展优势与劣势各不相同，但在理论指导下，强调山区农业及其相关配套产业的发展，必须遵循自然资源要素运动的规律性，考虑农业经济多样化与规模经营适当结合，重视产品市场开拓的需求导向等原则，则是沟域经济良性发展的共同道路。理清其中涉及的主要术语的基本内涵及其相关理论，则是上述共同道路的起点和进行后续研究之基础。

2.1　沟域经济及其特征

沟域经济是在山地区域经济发展的理论基础上，经过深入探索提出的新理念。实际操作中，首个典型案例是门头沟区刘永强带领相关工作人员，结合北京流域经济发展及农业区域发展的相关成果，考虑其发展的特性及根源，沟域经济的思想应运而生。从相关的理论视角分析，徐君指出：沟域经济的理念是由中国藏学研究院在2006年年底举行的“西藏及其他藏区社会变迁与经济发展”会议上第一次提出的。西藏的大部分人都住在两山中间的沟域内，并有河流经过，他们的主要经济生产都是在这样的环境中完成，徐君结合这一情况，联想到“域”具有多重意思而在相关资料中经常被使用，所以就用“沟域经济”来阐述西藏的经济生活情况。这个新名词的提出得到相关专家学者及管理部门的高度重视。2008年，在北京召开的第二次山区讨论会议上将该理念正式确立，对该问题的研究得到很快发展。

专家们研究沟域经济的范围时，需要首先解决的就是对“沟”和“域”两个名词的准确定义。由王同亿主编的《高级汉语词典》中对“沟”进行了相关解释，内容有：①田间的水路或者水渠。《周礼·考工记·匠人》也有记载：“九夫为井，井间广四尺，深四尺，谓之沟。”也用它指代所有的通水路。②指代护城河。在《史记·齐太公世家》对此有详细解释：“楚方域以为城，江汉以为沟。”用城壕，也就是护城河诠释“沟池”与“沟郭”的定义。③利用人力加工的战壕。在《韩非子·说林下》这样的记录：“将军怒，将深沟高垒。”用战壕及堡垒来诠释“沟垒”的定义。④指代多有和其形似的地方。在《汉语大词典》中对“域”的定义是包含的特定的地域，比如区域或指代一定的区域，比如境域等。

结合以上对“沟”与“域”的定义不难发现，“沟域”从地域的角度指的是水流经过地表而冲刷出来的区域，构成部分主要由沟的高、沟的长、沟的邦以及沟的宽，形似条形的封闭地方。徐君[①]依照我国藏学研究中心张明的相关理念指出，“沟域”词语中的沟不但指的是地貌特征，而且还指特定的政治状态、经济形势及文化背景。通过这些理论，专家们在该词语的定义上，不但指特殊的地理地貌，也涵盖了与此有类似性的政治状态、经济形势及文化背景等具有的社会性质。通常状况下，沟域的构成是经过轴线联系起来的各种经济、文化景象、观光景点、自然村落、农户及特定生产结构等各种产业形式的综合。所以这个轴线就是该沟域发展的核心部分，是连接沟域和沟外世界的桥梁和纽带。起初只有跨地域的河流才能产生这样的地貌，然而伴随经济的快速崛起，大家将其定义扩展到交通干线、水系特征、村镇等经济活动的核心内容。所以对其最终的定义是山中有河、沟、路、村落、镇店等，并和其特有的经济活动、自然环境及文化属性等相关的意识形态。

因为经济学中的“经济”指的是社会活动中的物品生产过程及其再生产的相关经济活动，所以，沟域经济给人的感官认识，指的是我们结合条状并具有封闭性的区域内，利用其中包含的自然环境、政治背景、经济活动及文化内涵等状态，进行社会生产资料的生产及再生产的过程的总和。除此之外，对其也能实行抽象化的诠释为人类全部的意识形态中，使用稀缺资源完成社会物品的生产及再生产的过程的总

① http：//www.zangx.com/news/112.html，2009－05－15.

和。也可以理解为在交通的主干线、水流、村镇等经济活动快速发展的核心部分，利用资金、劳力、土地、相关科学技术、信息电子及管理水平等众多因素的合理分配，对沟域内发展自己独特经济形式进行科学保护、合理治理及有效开发。以刘浦泉为代表的学者们指出，沟域经济指的是在山区沟域的基础上，利用其区域内的自然资源、文化背景及产业结构，经过对该区域的自然环境、景观、村落及产业结构进行整体规划，建立一个多彩多样、形式丰富、产业完善、具有自身特色的产业结构，将其从点向面、线区域发展及实现产业之间的完善，实现山区经济活动的完善及加速农民创造财富的步伐。利用该类型经济活动的众多属性特点，这个新词汇可以为北京山区经济活动的合理变革提供帮助。2010年，何忠伟教授指出：该名词指的是结合山区地域的地形地貌、内聚力的形成、具有自身特色的山区经济模式。所以它其实是区域经济的一种，具有特殊的地理地貌，形成自身特点，该特点可以和其地理地貌、文化背景及独有资源等进行充分融合，建立自己的产业结构，可以带来可见的经济收入。北京的沟域经济指的是结合北京城市发展的步伐，建立其特殊的外延式及促进内需的沟域经济模式，结合对生态环境的保护及相关内容、发展生态旅游及休闲环境模式，形成包括生态环境、旅游开发、经济活动及文化内涵的多样性模式，建立一个整体规划、形式丰富、产业多样、集中运营、规模合理及具有独特性的产业结构，促进山区经济和实现农民富裕的新经济形式。

沟域特征。以陈俊红为首的专家们指出，沟域有三个重要特性：①它是具有有限性的相对独立的地理区域；②在其区域里人们的生产生活程度；③它对自然环境的依赖有其公共特性。从自然环境的约束性分析，沟域内的生产生活都是在核心区域内，然后会向两边逐步扩散。在一个沟域的各个位置由于受各自环境及其他因素的限制，导致其在发展上不一致：处于上游位置的由于海拔高，从上到下的气候变化十分明显，温差较大，引起地理位置的限制导致农业经济发展缓慢，在沟域经济中一般发展较慢。处于下游位置的具有其优越的气候条件、地形优势、水利充足及交通便捷，然而相应的存在环境治理困难、自然灾害严重等问题；处于上述两个位置之间的中游区域在自然条件、地形优势、水利等方面都具有相对优势，经济发展最快、最早，然后向其他区域或相邻沟域延伸。以上特点促使人们考虑沟域经济发展策略时，需要结合其跨度、坡度等环境因素，根据其不同的特征，研究合适的发展及补偿制度。沟域的公共性是指沟域内的树木、动物、空气、水及道路等，大部分是不受区域限制并具有统一性的公共资源。市场对其资源的分配模式基本上不起作用。所以政府的调节作用就显得尤为重要，唯有如此才能实现沟域内公共资源的合理化分配。

沟域经济的特点。以陈俊红为首的专家们对其进行了着重的说明，指出：沟域经济的积极作用是加强了其区域内的环境保护及对碳汇发展的推动作用，使区域经济发展及自然环境的保护得到维护及加强，人们不用对环境改变的成果给付相应的资金。沟域经济产生的消极作用有由于对资源的无限制挖掘，不仅对自然环境及水流环境都产生极大的污染，对其下游人们的正常经济生产及日常生活造成很大的危害，无形中加大了社会经济活动的营运成本。所以，充分认识到沟域经济产生的各种作用，对其经济、环境的科学发展具有十分重要的现实意义。合理的解决其发展过程中环境维护及经济发展之间的联系，当产生不良后果时，及时支付相应补偿资金削弱其产生的消极作用，充分利用其积极作用，不但能实现区域经济的良性发展及获得可观的经济利益，还可以促进局部区域的结构调整及整体格局的不断完善。在2010年，何忠伟教授指出发展沟域经济的主要方向和原则有：①始终遵守以生态环境保护为主，重点加强绿色经济，实现人和环境的完美融合；②采用由点向线，再由线向面的区域发展结构；③形成政府统筹规划并大力支持集体经济运作、农民实施、各相关部门融入、最终提升其认可度的模式；④对其内容实现扩展，加强背景文化及科技发展的联系，致力于对农业发展模式的不断创新；⑤立足具有自身特色的品牌及发挥其品牌效应；⑥始终坚持生态优先、服务农民的发展原则。

2.2 沟域经济中的多样化经营

2.2.1 与多样化经营相关的理论

1. 多样化经营（diversification）

多元化经营指的是各种类型的经济结构结合现有资源（包含科学技术及管理水平等众多因素），向市场供应更多的新商品，具有多样化的特点。在安索夫矩阵划分的4个重点市场发展模式中，多样化的经营模式是其中十分关键的内容之一，最早是由战略管理理念的创始者安索夫（Ansoff，1975）提出的。安索夫结合商品与市场的双重因素，利用其形成的矩阵，将市场和产品的组合模式划分成 4 个类型，致力于扩展新商品及新市场的规模而取得更大的利润。多样化的经营理念是各类型商业组织模式选项中备选的选项之一。现在，安索夫矩阵在营销管理领域中已经得到普遍的认可。

图 2-1 显示的安索夫矩阵，采用的是 2×2 的矩阵模式表示公司想实现收入增加或利润增长的 4 个选项，分别是：市场占有、新市场发掘、新商品研发及多样化的经营模式。主要宗旨是公司对 4 个选项的合理运用，只有这样才能实现利润增长的目的。

		产品	
		现有产品	新产品
市场	现有市场	市场渗透 market penetration	产品开发 product development
	新市场	市场开发 market development	多样化经营 diversification

图 2-1　安索夫矩阵（Ansoff Matrix）

安索夫指出：4 个选项中，多样化经营模式具有其特殊性。结合商品及服务提供者的视角分析，其他 3 个选项都是致力于现有商品生产线上利用一样的科技、资金及销售等诸多资源。但是多样化的经营模式实现的是生产者对新技术、新方法或新资本的应用。具体实施中，它的实行方式包含了：自己研发新技术、扩展新市场、吞掉其他企业、和相关企业加强合作、市场对新技术的认可度、合理使用其他企业的生产线等。

多样化经营原则的实行，重点是对新商品及新市场的准确解释，该解释需要准确把握购买者的真实诉求或强化新商品的认可度，不能是监管者的单方面意愿。事实上，新产品的出现必须是市场需求的真实反映，这同样对商品的不断完善起到积极促进作用。

多样化经营模式如果细化又可分成集中水平多样性、复合多样性。

（1）**水平多样化**（horizontal diversification）。它也称作专业多样性。指的是结合目前用户的诉求，为其供应不同以往的新商品或者新技术。它是通过对以前商品、市场规模及技术实行改进而实现的。所以，在研发新商品、新技术及扩展新市场的过程中，有利于获得消费者真实诉求，基本没有风险。对信誉本来就很高、市场占有率高、发展趋势良好的优质企业作用很大。

（2）**集中多样化**（concentric diversification）。它通常称作同心多样性或者相关多样性。该模式利用公司目前具备的各种设备及技术水平等资源，强化营销力度，进行新产品的开发进而获得更大的市场占有率并获得更大的利润。例如，某服装生产公司利用现有的生产设备及相关技术，开发出更具流行特征的服饰进行销售等。

（3）**复合多样化**（conglomerate diversification ）。复合多样化一般也称作混合多样性、集团化多样性及不关联多样性。利用公司兼并、买卖、合作及促进自身发展，促使公司开发区别现有商品的新商品或者新技术的发展规划。

这种营销模式的突出特点有：①利用与各种经济形式融合或向不同类型的市场供应技术服务，分散公司经营风险，扩大利润，为公司的平稳发展保驾护航。②便于公司顺应市场发展的趋势，实现向更具潜力的市场区域发展，强化公司的抵抗风险能力。③充分发挥公司的各种优势，结合各种有利资源，增加经营利润。

然而，该模式还存在很多不足：①增加经济发展的不确定性，提升了企业经营的风险。②假如只关注营销的多样性，公司将会在其他领域失去已有优势，一旦经济环境产生变化，公司就会受到来自各个方面的强大压力，增加了其产生损失的风险。③多样性模式的应用，至少能让其 3 个基本构成因素中的一个充分发挥其独特优势。

安索夫在已有的模式中加入了地理区域的部分，将其原有矩阵模型发展成三维模式，被用来确定多样性经营的模式及业务的终极界定。生产管理者能够根据市场诉求、技术水平、地理区域等众多因素中的一种变量，进行商品及技术服

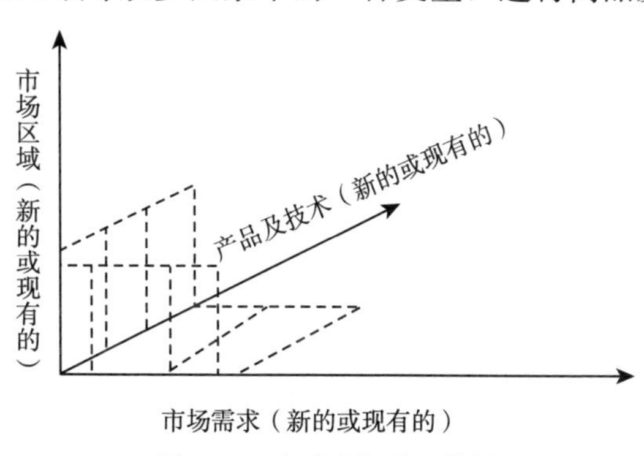

图 2－2　安索夫矩阵三维图

资料来源：http：//wiki. mbalib. com/wiki/Image.

务市场范围的确定。结合多样化的视角，安索夫指出企业管理者选择组合方案需要考虑的具体因素，①增强企业在各个市场的竞争力；②加强各业务之间的沟通、协作；③增强其在市场变化中的灵活性。这能够利用两种方式获取，一是关注企业外部发展环境的变化，利用地理区域、服务诉求及技术多样性实现，增强了企业抵御各类风险的能力。二是增强各业务之间资源及能力的移动性获取。

2. 差异化营销

差异化经营策略是企业经营策略的一种。差异化经营策略指的是企业针对市场细分后采用的一种经营策略，该策略将市场按照需求的差异进行分类，从而推出针对于市场需求的差异化产品或者服务从而进一步占领市场。

企业在采用差异化经营策略时，一般会对自身的产品或者服务进行特定的修改，将某种通用的商品或者是服务，根据不同客户的需要，修改为多种具有针对性的产品或者服务，依靠广泛的市场占有率从而保证企业的运作。企业采用这样的经营方式能够最大化的扩大产品的市场，从而将企业在某个单一市场中所面临的风险进行分担。企业采用产品差异化的经营策略可以避免与竞争对手产品的同质性，从而更有利于企业的发展。

然而在企业采用产品差异化的经营策略的同时也会付出一定的成本，产品差异化后产品的种类数量都有增加，首先增加了企业生产成本，然后企业需要对产品进行市场调研，广告推广等也会增加企业的经营成本，企业资源会分散到多条产品线中，因而一旦企业战略决策失误将会给企业带来巨大的经营压力。所以产品差异化策略适应于企业自身能力较强，拥有雄厚的资金技术积累的企业，这类企业往往能够负担得起企业在差异化经营初期的巨大投入，通过产品差异化占领某个特定市场，例如我们熟悉的产品定制就是将产品差异化发挥到极致的表现。

企业在采用差异化经营时也有多种方式供企业根据自身情况来选择：①完全差异化，所谓的完全差异化又叫作整体市场覆盖，是企业提供能够覆盖所有细分市场的产品，该类方法投入巨大一般需要谨慎采用。②市场专业化经营，所谓市场专业化经营就是在市场进行划分后选取某一特定的细分市场，只针对该市场进行特定产品的经营，该种经营方法最终目标就是取得该细分市场的控制权。③产品专业化，该种方法是对于某几类用户供应某一种产品来满足客户的需求。④选择集中法，这种方法是在细分市场中有选择的生产集中不同的商品，从而满足几个不同的细分市场的需求。⑤产品—市场集中法，是针对某一种顾客提供某一种产品，这种产品的针对性很强，已经近似于产品定制。⑥产品定制营销，该类经营主要选择高端市场，由于客户对于产品的差异化要求很高，所以企业只能为客户进行专门的量身定制，当然客户也会付出高额的回报来购买产品。

当企业采用差异化进行经营时，企业就需要注意下列因素：①企业自身的能力，也就是企业的资源能够满足长期产品细分所增加的成本。②在选择产品细分的同时企业是否需要兼顾大众消费者的口味同时推出同质化产品。③企业需要根据产品的选择制定针对产品投放市场的营销活动。④企业应该关注产品的生命周期，企业应该深度分析自身产品的生命周期，适时的推出换代产品进行更新。⑤企业需要关注自己的竞争对手所采用的经营策略，从而能够更好的进行反制。

3. 范围经济

所谓范围经营一词最早是由 Panzar 和 Willig（1975）提出。经营范围指的是企业为满足一定范围内的市场而推出的产品或者服务的成本，远远小于企业采用全市场覆盖的方式进行经营时的成本，这时企业就采用了只覆盖某一部分细分市场的经营行为，叫作范围经营。

所谓范围经济就是企业在一个特定的区域内，能够得到生产产品所相关的商业上下游资源，该区域内各个经济体的集合可以被称作为范围经济。例如产品的原材料供应、产品生产相关的半成品加工制造、产品生产销售所需要的物流等其他相关资源。

根据经济学定义来看，所谓的范围经济就是企业通过增加自身的产品种类或者是服务种类从而能够达到降低企业运营成本的目的。而与之相反的是规模经济，所谓规模经济就是通过减少产品的种类而大量生产单一的产品，从而获得成本优势。作者在此通过公式来表达范围经济的特点：

$$TC(Q_x, Q_y) < TC(Q_x) + TC(Q_y)$$

式中，$TC(Q_x, Q_y)$ 表示的是企业在同时生产经营 x、y 两种商品时所产生的成本。而 $TC(Q_x)$ 与 $TC(Q_y)$ 则分别代表企业在生产 x、y 产品时的成本。该公式的意思就是当企业同时生产 x、y 两种产品时所耗费的成本小于分别生产这两种产品时所耗费的成本之和。

深入分析构成范围经济的成因，会发现这其中有多种潜在的因素在发挥作用，其中也包含了企业的管理者利用自身的经营管理经验和管理者高效率的管理方法在发挥作用。

从企业的投入产出方面来看，企业在范围经济中的某一种投入可能会产生多种使用的价值，较小的投入可能会在企业的运作中服务于多个环节。例如某一种加工方式可能同时会为多种产品的生产加工造成便利条件，或者是某种零件可以在不同的产品中通用，从而降低了企业的生产成本。企业将这种通用半成品称之为中间产品，这种产品能够在企业的多种产品中使用，提高了其生产规模，能够有效地降低中间产品的生产成本。企业就是通过这种方式来获得范围经济带来的优势，更多的企业在深入研究范围经济的优势后，结合企业自身特点对于企业的生产经营技术进行革新，力求在市场竞争中取得优势。

从企业管理者的管理水平上讲，企业增加产品项目或者是服务项目可以更好地利用企业的剩余资源，可以将企业中过剩的管理经验与管理人员投入到更加适合的岗位中，从而能够让员工自身发挥更大的价值，这种价值的增加是不需要付出额外投入的。充分运用企业内部的剩余资源是企业管理者必须掌握的技巧，这样有助于企业提高生产经营效率和更好地节约企业资金。

当然，范围经济具有一定的合理限度。一是经济组织进行多样化经营时，产品或服务项目的种类并不是越多越好，总是存在一个合理的数量范围，即表现在经济组织的一体化或多元化经营不但是有限度的，而且理论上也存在一个最优的经营组合。经济组织进行多产品或服务项目的联合生产经营时，在产品或服务项目的组合上可进行多种选择，表现为某产品或服务的生产经营对一个经济组织来讲不存在范围经济，但对另一个经济组织来讲也许存在范围经济，或者某产品（服务）的生产经营对两个经济组织来讲都存在范围经济，但在一个经济组织生产经营的范围经济，可能会比在另一个经济组织生产经营的范围经济要大些。二是与多样化相对立的专业化本身也存在一个经济与不经济的限度，即专业化不一定等于经济。范围经济和范围不经济的问题，实际上是一体化（多样化或非专业化）经济和非一体化经济的问题，或者说是专业化经济与专业化不经济的问题。经济组织何时存在专业化经济，何时存在专业化不经济，实际上就回答了联合生产何时存在范围不经济，何时存在范围经济的问题：当专业化不经济时可以考虑通过多样化或一体化获取范围经济，当专业化经济时则相反。这为确定联合生产或经营的合理范围提供了一个可以参考的量化标准。

范围经济体现的竞争优势包括：①生产成本优势。表现为分摊固定成本和降低变动成本两方面：分摊固定成本主要表现为分摊固定资产的折旧费用，从而降低单位产品的固定成本；降低变动成本则主要体现在降低采购成本、提高资源利用率等方面。②差异化优势。差异化是指企业等经济组织提供产品的多样性，包括产品的质量、功能、外观、品种、规格及提供的服务等，这种多样性能使消费者认同该产品并区别于其他企业等经济组织提供的类似产品。范围经济形成的明显差异化优势，一方面满足并适应了顾客“多样化、个性化、差别化”的需求演变趋势，同时也使企业的产品或服务在市场上获得了一定程度的垄断优势，进而在一定范围内避免了完全竞争市场被动接受既定价格的无奈。这种差异化是企业等经济组织寻求范围经济的出发点和最终目标。③市场营销优势。在买方市场条件下，获得市场营销优势是企业成功的关键。市场营销的关键在于正确定位目标市场的需要和欲望，比竞争者更有效地提供目标市场所要求的满足。市场营销强调满足消费者的需要和欲望，理论上，就是从科特勒所提出的传统 6P 营销组合要素，即产品（product）、价格（price）、渠道（place）、促销（promotion）、公共关系或舆论（public relations or public opinion）、政治或权力（political or power）等方面体现企业的竞争能力。范围经济形成的成本优势和差异化优势，既体现了企业在产品、品质和价格方面的竞争能力，同时又能在内部建立的营销平台上，利用原有的渠道来销售多种产品，还能更好地利用企业已形成的品牌优势，为新产品开拓更广阔的市场，使消费者更容易接受，同时也对跟进者形成一定的竞争进入壁垒。④技术创新优势。对范围经济的理解和实际受益，首先会使企业等经济组织管理层对新产品、新工艺和新服务项目的开发与提供更加重视；其次，范围经济利益的驱动可导致科技创新的良性循环，持续的创新活动将使企业在应用新材料、采用新工艺、培养创新团队、加强市场调研和开拓新市场等方面获得突破，最终将形成企业强大的核心竞争优势。⑤抵御风险优势。范围经济在成本、差异化、营销和技术创新等方面获得的竞争优势，实际上增加了企业抵御风险能力。同时，范围经济还强化了企业的“新陈代谢”和互补性，特别是对于受季节性影响较大的农业类企业。

4. 农业多样化经营

农业多样化经营是建立在多种经营基础上的。所谓多种经营，即主业和辅助产业的有机结合，各种资源包括人、财、物等的综合有效利用，达到使主产业稳定收入的同时，更大幅度的创利增收，把闲置的有市场潜力的资源，充分挖掘出来，加以包装和再次利用。多种经营不仅限于产品品种的扩大，并且包括生产、市场地域和人群等范围的扩大。目的是分散风险，避免因某产品市场商情的变动而影响总体收益，并充分利用与开拓生产潜力和市场销售潜力等。

农业多样化经营，亦为农业多种经营，系指农业生产经营主体（农业公司、农户、龙头企业等）通过充分利用所在生产经营区域已有资源（包括自然资源、社会经济资源、已有农业生产技术及管理能力等），将与农业相关的主导产业与辅助产业相结合，向市场提供一种（类）或多种（类）新产品（或服务）的农业生产经营方式。不同地区和不同生产单位，因自然、地理、社会与经济和文化条件的不同，多种经营的项目和生产结构也各不相同。我国传统习惯上把粮食以外的生产经营，包括经济作物、林业、畜牧业、渔业和副业等也称为多种经营。随着都市型现代农业和农业多功能性等概念的提出，农业多样化经营概念的内涵和外延也不断充实，它既可以从区域经济和产业经济等较宏观的视野上，理解为一定区域与农业及其相关功能的服务产业，在产业链衔接或布局上的多样化；也可以从农业企业、农户等与农业相关的经济组织内部的角度，理解为农产品生产种类及其相关服务项目经营范围上的多样化。

2.2.2 沟域经济中多样化经营的优势

沟域经济的含义可理解为区域经济的一个分支内容，就此而言，这一概念的多层含义理解都应该建立在区域的范围内。

站在相对宏观的角度上考虑，沟域经济的概念所包括的内容相对广阔，在空间上囊括了相应区域内的自然风景、绿色资源服务、历史古迹以及其他可能带来经济利益流入的产业资源。就此而言，无论是山区关于经济发展上的产业计划，或是其独特的结构布局，要想在显现当地产业特色的同时发展经济，构建形式各异的沟域产业带，是实现这一目标的最佳途径。换言之，山区的经济要想在大范围内实现稳定、快速的发展，首先需要结合其丰富的文化资源，形成相对丰富的产业发展形式，同时推动不同产业之间的沟通与协调，形成多产业共同发展的繁荣局面。

据统计，我国县域经济中很大一部分都是山地区域贡献的，占比高达30%以上。因此可以说，山地区域是我国经济的主要贡献力，同时也为国家提供了大量农作物与其他山区的特色产品。纵观我国山地区域的经济发展状况，分析可知当地产业的多样化经营在如下几个方面占有一定优势：第一，丰富的土地资源，我国国土中约有70%左右为山地，在不影响全国粮食供给的基础上，对这些山地进行一定的规划，充分发挥山区土地的优势，能保证山地区域经济发展的多样化。第二，山地区域丰富的阳光资源，足量的光照使得农作物生长更加旺盛。我国也存在部分地区由于天气原因，而很难发展农业。第三，山地区域农业发展状况可观，其在供应产品的种类与数量上都占据着十分明显的优势，同时也成功将产品销售至较宽广的范围内。第四，一般而言，山地区域工业发展程度较低，使得其经济发展相对落后，同时所经历的污染程度也往往相对较轻，因此有利于大力发展纯天然的绿色产业。第五，考虑到国家工业化程度不断加深，不少创业者忽略了农业发展的重要性，为了扶持农业的发展，国家在政策上给予了较大的倾斜，使得山地区域在农业发展上拥有宽松的发展条件与极佳的发展环境。第六，在全球经济不断发展的带动下，人们的生活水平也有了很大的提高，许多居民在购买农产品时希望达到更高的安全标准，这也是对农产品发展的新要求，不仅需要多种农产品的供应，在营养安全上也需要一定保障。与此同时，许多依赖于农业发展而生存的观光服务行业也获得了广阔的发展空间。

考虑到不同地区所面临的环境压力、资源状况、经济发展情形等方面因素都存在较大差异。因此，其在经营方面所采用的手段也不尽相同：部分地区经营的主要产品为水果、粮食等农作物，而部分地区则主要发展牲畜、家禽等的养殖产业。纵观我国多样化经营的历史历程，可发现绝大多数山地区域的经济发展都以家庭副业、乡村工业、庭院经济等为主，并以此为基础，逐步发展为更丰富的经济体系。传统意义上的农产品产业发展只针对粮食的简单经营，而如今农业的定义已经发生了较大改变，从原有的单一概念，拓展为菜、牧、渔、林、商、贸、工，乃至旅游行业等共同组成。由此可见，农业体系并不仅仅含有粮食和土地两个概念，这两者只是其中的一部分，体系中还包括了许多其他的经营组成。考虑到沟域经济发展的特殊性，当地在实现经营多样化的过程中应充分结合不同行业之间存在的优势，同时综合考虑不同行业之间的联系与差异，从尽可能大的范围内挑选出最能推动当地经济发展的多样式经营模式，使当地经济得到大力发展，构建极具当地风格、天然环保、规模得当、种类繁多、产业融合的沟域产业经济结构模式，使山地区域所拥有的独特的自然优势被充分发挥，推动农业系统内各部分之间的沟通与协调，从而实现对生产资料的合理结合运用，以及对资金的均衡使用以及对劳动力的合理分配，最终为当地居民谋福利，促进当地产业的发展与生活水平的提高。就此而言，对沟域经济的发展与多样化经营模式的构建，不仅能实现资源的合理分配，同时也是时代发展的必然要求与趋势。

站在相对微观的角度而言，实现经营模式的多样化不仅符合时代的发展要求，同时也能较全面地发挥出山地区域特有的经济优势。

首先，社会发展的必然趋势便对应着产业发展的多样化与丰富化，因此构建形式各异的经营模式，能最大程度上满足不同顾客的需求，同时也能为消费者提供更多的选择，有利于市场细分，进而实现山地区域市场的开拓，推动经济发展。

其次，将产品分类到不同市场上，是对风险分散化原理的有效运用，有助于降低产品经营所面临的风险，避免由于产品过度集中而带来的风险。不仅如此，经营模式的多样化还能帮助企业获得更多的市场占有率，占有多个不同的市场，从而吸引大量的顾客群体，并实现一定程度上的产品垄断。对风险的分散并不是完全没有目标的随意分散，而是在多个有一定关联的市场上，通过产品的多样化实现的。这种风险的分配原则不仅为企业未来的发展提供了更加丰富的求生途径，同时也相当于企业增强抗风险能力的一条食物链。此处所说的产业分布要求市场彼此之间有一定的关联，否则很可能引发由于市场过于分散化而带来的发展陷阱。

最后，由于企业市场细分的存在，使得部分交易会发生内部化现象，进而使得市场机制遭受一定程度的破坏。经营模式的多样化可以在一定程度上帮助公司更科学、合理地分配其所拥有的资源，从而根本上降低公司可能发生的成本支出，为公司的产品生产创造优越的成本领先优势，同时引进大量符合时代发展趋势的创新技术，为产品打造极具市场竞争力的优势。要想实现经营模式的多样化，企业首先需要尽可能引进大量高新科技手段，并合理投入相应资本设施，同时就销售模式、宣传支出等方面进行资源整合，这一举措很容易造成企业在管理上的成本消费提高，不利于管理层集中注意力展开公司的管理工作。由此可见，经营形式的多样化策略并非适应于所有企业，对于一些综合竞争力相对较弱的公司，其管理层很难将各个领域的细分市场管理得当。因此只有一些管理水平高的公司才有可能实现多领域市场的共同发展。实现沟域经济的多样化发展，指的不仅是一家公司在其所提供的产品上的样式丰富化，不同沟域的经营主体在生产经营上也常会出现一定层面的相似之处。这些存在于不同“沟域”之间的经济主体也可以相互合作，充分结合并发挥行业独特的优势，弥补各自在运营管理上的不足，从而构建整个经济领域中的产业多样化发展与相互融合的生产经营局面。

2.2.3 沟域经济中多样化经营的适用条件

沟域经济的概念是依赖于地理因素而存在的，其呈现出极具地域特色的经济发展趋势，山地区域拥有相对丰富的资源环境，这为当地经济的发展提供了丰富的可选项目。对于不同的山地区域而言，当地的环境也有所不同，尤其是气候上的差异，这些差异对应着不同的优势与劣势，因此构建地区的经营发展模式应充分考虑当地的环境状况。具体如下：

对于海拔相对较高（1 500～3 000 米）的地区而言，这些地区在环境上呈现出水土流失现象发生频繁、地形起伏较大、气温偏低、交通不发达等现象，这并不利于种植业的发展，因此不应该大面积开发农业生产活动，反之，应更多地注重林业的发展，充分利用当地的土地资源，同时结合发展畜牧业。

对于海拔相对较低（200～300 米）的地区而言，这些地区在环境上呈现出地势平缓、土壤肥力高、草坡广阔等现象，且对四季变换的感应程度高，能吸收较多的光照，水资源丰富，春季时间持续较长，而秋季持续相对较短，利于种植业的发展。此地应大力发展以农耕为主要经营方向，同时结合发展水产养殖业等经营模式。

对于海拔适中（300～1 500 米）的地区而言，这些地区地势并不平缓，利于农耕的土地占地较少，不利于自然植物的发展。当下我国此类地区在发展农业的过程中面临的最大问题便是水资源匮乏、林地面积日益减少、水土流失严重等。由此可知，此类地区并不适合发展需要大量水资源的农耕活动，而应该将发展重心放在旱作农业上，同时增加林地面积和草地面积，实现环境的改善，同时结合发展畜牧业与观光业等。

2.3 沟域经济中规模经营

2.3.1 与规模经营相关的理论

1. **规模**

“规模”（scale，scope，dimension，Size）一词在《高级汉语词典》中的概念被描述为“事业、运动、机构、工程等所包含的范围”。

“规模”这一词在农业经营层次中的含义有两种，即内部规模和外部规模。

内部规模。这一概念又被进一步细分为投入与产出两个层次，换言之，对农业领域的某企业规模进行衡量的过程中，可以从投入的角度进行计算，常见的有对投入设备规模的计算、对土地资源规模的计算等。此外也可以从产出的角度进行计算，常见的有对利润获得额的计算、生产数量的计算等。这种产出角度下的规模衡量，可在如下两种情况下进行，第一种为生产要素投入量固定的情况下，所提供的产品生产数量变化，这一规模的扩大往往是由技术的不断发展带来的。第二种为生产要素的投入量变化的情况下所引起的产品生产数量的变化，这种变化既包括技术的进步，也涵盖了要素投入量及其配比等因素。

外部规模。这个概念在农业领域属于内部规模的进一步拓展，将影响农业发展的因素从原有的内部技术、资本量等的影响，拓展至市场发展程度、相关市场容量、竞争情况等因素，属于影响农业发展的外部条件。

在实际衡量农业生产规模的过程中，如若以投入要素的层面分析，则常需采用所有要素中最匮乏的要素或有很大制约作用的要素进行衡量。以我国过去的农业发展为例，考虑到当时我国采用的是联产承包责任制，将国有资源合理分配到相应居民，这也是当时阻碍我国农业发展的主要因素，因此当时衡量的标准为土地经营的面积值。而此后由于可使用的土地资源有所增多，其他要素在影响农业生产效益上也逐渐发挥着越来越重要的作用，因此也可以采用劳动来衡量农业的生产规模。在对我国农业生产规模进行探讨的过程中，在没有特殊说明的情况下，一般指的都是所拥有的土地资源面积的大小。

如果采用的是产出分析方法，则可以将其看成是生产经营主体所提供的产品种类及其数量的多少，或者可以看成是一种业态的规模。

2. 基本规模单位

站在技术经济的层面上而言，最终影响农业经济发展的因素并不只是传统的要素投入的数量，还应注重不同要素在投入时的相互配比，精准的配比能在很大程度上避免要素的浪费现象发生，这也是基本规模单位一词的来源。基本规模单位指的是将所有投入农业生产的要素进行整合，使之能充分发挥每个要素的性能。

在农业生产领域中引入“基本规模单位”的概念不仅可以最大程度地减少资源无故消耗，同时也可推动技术的发展。在资源整合上，将各类要素按一定比例加以整合，从而激发资本和劳动的生产潜能，获得尽可能高额的利润，同时减少产品的消耗成本，为农业生产的经济利润创造更大的获取空间。另外，在我国农业生产规模不断扩大的今天，要想进一步提高农业领域的生产力，为农业生产创造更良好的生产环境，首要工作便是进一步提高农业技术手段，从技术上改变农业发展慢的难题。

综上所述，对于不同地区、不同农业产业的农业规模问题进行衡量的过程中，不应仅从资源的投入或者收获产品的多少出发，而应该结合对“基本规模单位”这一概念的应用，采用内外部规模相融合的衡量方法，理清不同要素之间彼此的影响作用，发现合理的产业规模配比。

3. 经营规模

所谓经营规模强调的是要素的数量级，其中要素为某个独立经营单位内对生产活动产生重大影响的内部条件，主要有劳动能力、方法及对象，三者之间的相互配比也属于要素组成的基本内容。在斯密看来，要想实现企业生产经营的最终规模化，首先必须实现经营规模的合理化。由此可见，经营规模的状况是影响企业发展的重要因素。

4. 规模经营

规模经营不同于经营规模，前者是一个动词，而后者强调的只是规模的概念。规模经营与规模经济有着必然的联系，是生产力这一概念的主要组成部分，常指以一定的规模利用各项要素展开经营的各种行为。

我国在规模经营问题的研究上，主要强调的是所有要素以不同的数量配比或者不同配比手段下对生产经营带来的促进作用。换言之，对不同生产经营活动，分别探索能带来最大效益的规模组成，这一过程也可称为规模经济。在农业领域，对规模经营的理解可细分为规模经济和规模效益两个方面，具体研究如下：

在研究规模经营等相关问题时，首先需要注意的是研究必须建立在报酬递减规律的基础上。纵观世界经济发展史，对于规模经济的概念早在古典经济中便出现了，当时主要研究的是土地的报酬递减规律。17 世纪，经济学家威廉·配第曾发表了一篇经济学的著作，其中明确说明了“报酬递减”的大致模型与规律。不久后，亚当·斯密对这一观点展开了深入的研究，发现了劳动生产率的提高可以借助于规模的合理分工进行。对这一概念的完整描述是法国学者杜尔阁提出的，他结合了对边际分析法的使用分析报酬的递减规律与要素投入之间的关系。这一研究也是日后其他学者研究工作的开端，在分工理论日益完善的今天，人们开始采用数理分析的手段对农业的规模经济展开进一步的研究，使之不断完善。

5. **规模经济**

(1) **规模经济（economies of scale 或 scale economy）的内涵。**在经济学中占据着举足轻重地位的概念之一便是规模经济，这一名词也常被称为规模利益（scale merit），在经济学上指的是技术水平保持不变的前提下，随着生产规模的不断增大，出现了长期成本费用曲线下降的现象。规模经济指的便是在企业生产能力不断增强的带动下，企业所能创造的产品数量也会有所增加，由此引发的成本变化所产生的效益。在经济领域的辞典中，对这一词语的解释则为：在技术水平不发生变化的情况下，如果一个产品（可以为单一产品，也可以为复合产品）在生产所得数量不断增加的情况下，呈现的是平均成本的下降，则可将其看作是规模经济；相反，如果平均成本随着生产数量的不断增加而呈现上升趋势，则可将其看作是规模不经济。由此可见，规模经济的概念在一定程度上与边际效益的含义相似，而对于长期平均成本曲线而言，其中最低点所表示的意义便是“最小最佳规模”(minimum optimal scale)。

（2）**规模经济的动态性**。由上文可知，平均成本曲线并不是一直呈现下降趋势的，而是会在某个点发生趋势的改变，但这个最低点的位置并不是固定的，而是会随着科学技术水平不断发展而有所移动。此外，考虑到不同的产业所涵盖的要求与特点都存在一定的不同，因此在利用规模经济的问题上也会呈现出较大差异。在实际生活中，管理层要想实现规模的最佳化，必须充分掌握产业发展现状，并合理预测未来发展趋势，通过对生产规模的不断调整，实现产量的增加和成本的降低。从宏观的层面而言，发展规模经济体系是促进产业发展的必要手段。

（3）**规模经济的主要类型**。在经济学的理论范围内，规模经济的研究对象并不仅仅是企业，其中还可针对某一企业下的部门进行经济调整，但常见的研究对象以企业为主。在研究生产力的经济学中，这一概念又被拓展为所有可能影响经济发展的内部与外部因素。总体而言，可将规模经济划分为如下三种类型：其一是规模内部经济。这一概念强调的是影响公司整体发展的内部因素起主要作用，由于内部因素的变动而带来的整体效益的增加；其二为规模外部经济。这一概念强调的是由于外部因素的变动而带来的整体效益的增加；其三为规模结构经济。顾名思义，指的是整个市场上各个公司之间形成的互助关系，通过彼此之间的联系，构建相应的规模结构。常见的有经济联合体、城乡结合部等结构。

在我国，规模经济的概念可划分为如下两类：其一为工厂规模经济，这一概念是站在生产线的角度提出的，此类规模的形成与下述几个方面的因素有着必然的联系：①结合对当前先进技术的使用，更新大量设备，使之实现生产的批量化处理，从而降低生产线的单位成本；②在生产的批量化处理基础上，将产品的标准进一步提高，与时代发展的步伐相一致，同时减少对所需能源物质的消耗，达到资源的合理分配与高效使用，从而为企业利润谋取更大空间。其二为企业规模经济，这一概念的研究主题是企业，不同企业在发现相互之间的优缺点时，与其他企业实现水平方向和垂直方向的共同协作，充分发挥不同企业之间的互助功能，从而实现成本的进一步降低，为企业的共同发展谋求更高的效益，同时也能促进企业将更多的资金支出放在对技术水平的不断提高上。这两种经济模式并没有哪一个更加出色，二者都能对企业的经济发展起一定推动作用，只是站在不同的角度分析问题。

（4）**制约规模经济实现的因素**。在经济学领域，规模不经济指的是随着企业投入要素的数量的不断增多，其所获得的额外收益却并没有增加的趋势，反而呈下降的趋势。实际生活中，一个理智的厂商在经营管理的过程中总是会以规模经济为发展目标，而这一过程又要求管理者将影响企业发展的诸多因素加以分析，并整合掌握的所有资源，构建最能促进企业获取高额利润的生产模型。追求规模经济的过程能在很大程度上推动产业的整体发展。总体而言，影响农业企业规模经济形成的主要原因有：

①自然、地理和地势地貌等条件。以北京山区为例，当地的地理环境独特，有较多山丘环绕，这些山丘的存在使得

不少农业生产机器设备很难正常使用，且在交通方面也存在一定阻碍。同时，不同地区的土地所适宜生长的农作物会存在一定差异，这些差异也是导致生产规模不尽相同的主要原因之一。

②物质技术装备水平。当前，不少农业技术都引入了相对先进的机械，这些机械的存在有利于农业的高效率发展，但部分地区很难承受高额的设备支出，由此导致规模难以进一步扩大。

③社会经济条件。我国经济发展存在相对明显的地区差异，发达地区居民的劳动素质较高，专业水平也处于较高的层面，这些因素对不同地区的规模发展也发挥着重大影响作用。

④社会政治历史条件（如政策倾斜现象、生产经营与消费习惯等）。消费者在需求上发生改变必然会影响规模经济的走势，这也是影响农业发展的外部因素。

（5）**规模经济的确定**。规模经济的实现需要管理者能充分掌握企业发展的现状，并对公司掌握的资源进行合理的整合，从而获取尽可能多的经济流入。在实际生产活动进行的过程中，要想实现企业的规模经济，首先需要结合当前企业拥有的经济资源，对规模展开大致的分析，从而构建最佳的经济模式，并以此为标准展开后续的经营工作，为企业谋求更高额的利润流入。在此过程中出现的经济效益最佳状况便可以理解为规模经济。

在确定企业的经济规模最佳状态时，所采用的主要方法之一便是会计分析法。这一方法主要分析的是企业在不同时期、不同成本模式下所对应的利润流入，将成本与收益进行对比，确定规模经济，其中又包括如下四种方法：

①短期成本法。对成本的短期计量，这一计量的范围在企业扩建之前的一段时间内，计量需建立在固定资产投入量不变的基础上，在对原材料进行调整的过程中，发现成本的变化规律。由此可见，这一分析方法的本质是盈亏平衡分析法的延伸，将短期内的成本具体分为变动成本和固定成本两类，将该时期内创造最大利润时对应的规模称为最佳经济规模。

②最小总费用法。对经济规模的估算是结合对多个可行方案的比较，分析不同方案所对应的费用总额，并对这些费用的数值大小展开分析工作，选择其中总支出最低的方案，这个方案便可以确定为最佳经济规模对应的方案。其具体数学分析过程为：

$$F(Q)=C(Q)+S(Q)+I(Q)\times E(d)$$

式中，F（Q）是年产量为Q的总费用；C（Q）是年产量为Q的生产成本；S（Q）是全部产品运到消费者手中的费用；I（Q）是新建、改扩建企业所需的全部投资；E（d）指投资效果系数。

对上述公式进行分析，可知在公司的生产技术水平等因素保持不变的情况下，要想实现每年的产量总额为Q，其所必须付出的费用总和不仅包括成本的支出，还应将摊销至当年的基建费和贷款利息支出，同时也应该考虑产品在流通过程中的总支出。

③最小费用函数法。采用此方法判断企业生存与发展的最佳规模需要对企业当下的发展规模以及限制企业发展的因素展开分析工作，并由此构建如下公式：

$$F(Q)=V(Q)+D(Q)+G(Q)$$

式中，F（Q）是单位产品总费用函数；V（Q）是单位产品企业内部费用函数；D（Q）是单位产品企业外部费用函数；G（Q）则是单位产品企业内部与外部关联费用函数。

在上述公式的求解过程中，需要结合对规划论的使用，从中求得的Q解便是企业的规模经济。具体有两种求解模式：首先，当费用函数呈现出无约束的特征时，可对其进行求导，并令求得的导数等于零，从而计算出此时的Q值。其次，如果费用函数存在相应约束，则需要结合对规划论方法的使用，常见的解决方法为构建表达式F(Q）结构关系的三个函数与一组约束不等式，并结合对非线性规划的使用，展开后续计算步骤，由此计算得出相应的Q值。

④成本函数法。这一方法的使用，需要建立在产出固定的基础上。在产出固定时，对所需的要素投入进行调整，从而实现成本的最低化。如果只考虑劳动和资本这两种要素的话，可将其成本描述为：

$$\min C(Q)=P_L\times L+P_K\times K$$

式中，C（Q）代表成本函数；资金的投入量用K表示；劳动的投入量用L表示；单位劳动和单位资本的价格分别用P_L和P_K表示。

对上述表达式进行一定的数学优化，便可得出成本函数的极小值点；将多个产出水平上分别对应的优化点相互连接，便可得到长期成本曲线。结合对曲线拟合技术的使用，可将成本与产出之间的关系描述出来，由此得出的成本曲线与实际产出往往有较大的重合性，对企业的发展策略优化有重大参考作用。

另外若采用工程法对企业进行评估，需要综合考虑企业当前的技术生产水平与产品研发特色，充分分析运输、投资以及成本三者的支出，从而判断企业的初始规模并预计其日后发展的最佳规模。这一过程需要罗列出多个费用预测方案，并从中选出支出消耗最低的方案，并将该方案对应的规模确定为最佳经济规模。

上述几种不同的分析方法，适应于不同的条件约束情况。由于经济发展并不是一蹴而就的，因此没有哪一种方法能全面性地反映出企业的发展状况。以短期成本法为例，该方法在分析的过程中呈现出来的是相对静态数据。因此，只适用于分析短期内的数据，不能大范围使用。在实际分析企业的经济规模时，应综合分析企业当下的所有发展信息。成本函数法的使用则是借助了相关数学知识，构建相应的模型，使得影响企业发展的各类因素之间的联系得以清晰展现，但实际生活中，市场的经营活动极其复杂且多变，并不是仅仅用简单的数学公式就能全面归纳的。

6. 规模经济与规模收益

规模经济与规模收益并不能完全对等，二者在细节上也存在一定的差异。前者重点在于突出成本的递减，而后者则更多地注重收益的增加。简言之，后者实现收益增加的过程可能并没有实现成本的降低，甚至也可能出现成本上升的趋势，但只要企业的总收入与费用之间的差额呈上升趋势，就能说明企业的经营规模变化是有效的，并且应进一步扩大生产规模。由此可知，企业的规模收益与经济发展有着极大的相似之处。在农业领域的实际经营过程中，不应该只追求规模经济的出现，还应该实现经济的总体增长。

7. 规模营销（mass marketing）

在营销学上的一个著名的理论名词“无差异营销”（undifferentiated marketing）指的就是规模营销。这一概念研究的主要对象为企业或者其他经营主体，这些主体将有共同需求的客户归为一个市场，并对该市场制定有针对性的组合方案。这种营销方法强调的是消费者在进行购物的过程中存在的共性，而不考虑单个市场上的差异性。由此制定的策略往往更加注重市场的全面性，不考虑个别市场的特殊性。这种营销方法旨在凭借大规模的生产活动，实现经营成本的降低，从而为企业谋求更多的利益空间。这种营销手段常见于以下三类情况中：首先是新产品刚进入市场时，没有激烈的竞争对手，因此可以全力追求更高的市场占有率；其次是产品步入衰弱期；最后是处于完全竞争环境中的一般性商品，购买者分布广阔且数量众多。

8. 农业规模化经营

当前我国的农业发展存在相对严重的不均衡现象，即生产规模小、需求量大，生产技术陈旧与消费模式现代化等之间的矛盾。在学术界中，对农业生产经营的理解最普遍的是适度规模经营，这一概念由陈俊梁先生于 2005 年提出。在提出之初，适度规模经营指的是在一定范围内对农业的生产规模进行扩充，将可利用的所有资源加以整合并充分利用，实现投入的尽可能降低和收益的尽可能增加，从而为农民增收。具体可从内部与外部两个层面理解。

要想实现农业发展的规模化，首先需要实现内部的规模化发展，后者是前者存在的基础。因此，人们说的农业规模化经营通常指的就是内部的规模化。这个概念强调的是对土地资源的充分利用，在此基础上实现成本的进一步降低，从而扩大利润空间和规模效益。考虑到农产品的生产过程离不开土地，因此可以将农业生产的核心视为土地的适度规模化，以及其他生产资料的规模化发展。土地规模化的重要标志是机械化生产的实现。学术界不少学者认为内部规模的概念还可细分为投入规模和产出规模，其中前者常涵盖土地、资金以及劳动这三方面的内容，而后者则更多的强调公司在产出、收益以及最终利润形成的规模大小。

董杰曾与其他农业学者共同提出如下观点："农业的规模经营所涵盖的内容，不仅有农户和相应农业生产部门等内部规模，还涵盖了其他行业之间存在的共性与关联性等外部规模。由此得来的经济利益流入，主要依赖于对不同行业之间共性的结合以及资源的相互配置，相关企业在资源上形成相对完整的共享体系，从而实现成本的共同节约，同时改善不同企业的生存与发展环境，实现 1＋1＞2 的局面"。由上述内容可知，对于一家企业而言，其外部的发展规模化形成是内部规模化发展的进一步拓展，这一概念所包含的内容不仅有传统意义上的农业产成品以及相关生产要素等因素，也有整个市场的整体发展状况与规模等因素，可以理解为广义上的农业规模经营。在我国农业发展不断加快，其占据的市场不断扩大的今天，农业的规模经营内容也在逐渐丰富，其新增了产业规模的概念，对传统产业链进行拓展与延伸，实现农业的现代化发展。

随着我国生产力发展水平日渐提高，土地的适度规模经营也逐渐走进了人们的生活，这一理念的推出是农业领域不断发展的必然结果，也是现代化社会对农业发展的必然要求。在农业领域，土地的适度规模经营并不是一成不变的。而是会受到外界因素的影响而发生改变。为了探索出更能适应我国农业发展的优化模式，国内不少学者对此展开了研究，不断丰富这一概念。

20 世纪末期，我国两位著名的农业经济学者张瑞芝与钱忠好曾阐述道："对土地实现的适度经营规模强调的是相应要素与外部条件之间的相互融合；农业经营是否实现了规模化，首先需要对其现有的经营能力以及技术水平等内容进行分析；实现了适度经营规模的农业单位，往往拥有以下几个共性：①动态性，存在于不同环境或不同时期下的农业，所使用的经营规模也会有所不同；②区域性，存在于不同地区范围内的农业，所对应的经营规模也不尽相同；③层次性，掌握不同技术水平的农业，往往也会选择有差异的经营规模。"

2.3.2 沟域经济中适度规模经营的优势

随着沟域经济的不断发展，产业水平不断提高，为一定范围内的产业发展规模提供了物质基础与经济基础，使得规模经营有了良好的条件，为地区沟域的发展做了一个良好的铺垫。北京山区一些沟域发展农业产业，尝试开展一定规模的经营，并在实践的基础上取得了一定的发展成果。成功的原因可以从以下几个方面分析。①就土地等客观的条件而言，分为两点。其一，此山区有适合土地规模经营的山地平台和山底平地，成片平坦的地形为产业规模化的生产提供基础条件。像在延庆百里山水画廊的向日葵海和门头沟妙峰山的玫瑰谷都是成功案例。其二，实现土地经营权自由流动的体制。简单来说就是一种土地三权分离的制度，有效改善分散管理模式。②规模化经营往往会受到例如生产力和地形等方面因素的限制，这就使独家独户进行农产品经营的土地利用和品种的多样化发展缓慢。为了解决这一问题，山区沟域根据当地的地形条件，为使山区的良好光合作用得到有效发挥，推行同一类产品适度规模经营。这一做法也使平谷山区的大桃、密云山区的板栗和昌平山区的苹果生产规模化，品种多样化、丰富化，扩大了当地内需与经济发展。③随着山区沟域经济的不断发展，农业产业化不断向适当规模的经营方向发展。有些地区形成了符合自身实际的农业生产方案，并在此基础上产出了部分有特色的沟域成果，并不断深化，拥有了更大范围的对外深加工市场。但是，这样的生产方式还是存在生产经营方式粗糙，生产方向混乱等问题。为了解决这些问题，山区的沟域经营在主导企业的带领下，不断分化出自己的分工，像平谷的桃花谷、昌平的百合花、怀柔的虹鳟鱼等当地主导产品地位不断明确，拉动周边相关产业的共同发展。

在通常情况下，国家处在经济发展水平较低或较慢的阶段，如传统工业化时期，加大对生产的投资会使经济得到快速的发展。同样，经济规模的扩大会让公司等生产组织在开始时期收入提高，收益增加迅速。从中可以看出来产出数量对于经济发展具有关键作用。但是，当生产规模不断扩大后，也会出现经济虚假繁荣的景象，产生经济泡沫。这样一味地发展经济反而会使经济效益下滑，得不偿失。

从理论上分析，规模经济为企业发展带来的主要优势为平均成本的进一步降低，这一优势的具体表现为：①处于规模经济发展状况下的企业在产品标准的划分上，存在一定的统一性，有利于以更大的规模展开批量生产工作，同时能进一步规范市场交易。②规模经济的条件下，企业生产活动呈现批量进行的局面，因此企业可以凭借更加低廉的价格向供应商一次性购入大量原材料，从而实现生产成本的降低。③管理层在掌管公司的产品规格时，可以依据的统一指标，在一定程度上节约人力支出。④有利于研究并创造出新的产品或服务。

规模经济对应的是边际成本的最小化，就此而言，一味扩大生产规模并不代表着规模经济的必然形成，二者在本质上具有一定差异。促进平均成本逐渐减少的原因主要有如下几种：首先，团队内部人员分工更加合理能在很大程度上提高劳动的生产率；其次，技术人员掌握更加娴熟的生产技能也能提高劳动的效率；再者，由于企业在规模上具有一定优势，因此在与其他商家谈判合作的过程中，能掌握更多的话语权，在原材料的购买上也能获得一定优惠，这些都是成本降低的因素。由此可见，对生产经营规模的扩大只是规模经济形成的原因之一，一味扩大规模而不注重其他发展，可能还会带来相反效果。

对于京郊地区而言，当地并不具备十分丰富的土地资源，因此要想实现规模经济，首先需要摆脱传统思想的束缚，为规模化经营提供更加丰富的外部资源，将农业的发展与当地历史相互结合，构建农业与其他产业共同发展的经济结构。就此而言，实现当地沟域经济的发展需要借助于不同产业之间相互结合，构建以农业发展为主，旅游业发展为辅的经济结构，促进当地经济的一体化发展。

2.3.3　沟域经济中规模经营的劣势

1. 山地区域农民受教育程度低，很难接受高新科学技术

考虑到山地区域的居民多为农民，当地文化知识普及程度不够高，不少农民甚至从来没有接触过科学技术，对创新技术并不是十分信任，因而很难实现创新技术的全面普及。不仅如此，当地技术发展相对落后，与全国平均水平存在较大差距，不愿意接受新技术的农民，必将面临着生产率低下的问题，导致经济效益很难得到进一步提高。这些农民大多生活条件相对贫困，在生产上往往以实现温饱为主要目的，因而不注重对需要高额费用支出的新技术的投入，使得规模发展出现了一定阻碍。

2. 山地区域不具备优越的资源条件，基础薄弱

我国大部分山地区域在经济发展上处于相对落后的地位，基础设施落后，水资源相对匮乏，且很多居民都不能意识到引入新技术的重要性，资源不够集中，不利于管理，交通现状十分落后，很难发展当地的支柱型产业。

3. 存在较为严重的产业经营问题

农村地区对于市场的认知相对较少，很难跟上时代的发展步伐，经济结构也无法满足市场的需求。因此，这些发展相对落后的地区，在经济结构调整上出现了较多问题。数据显示，农村地区多以小规模生产为主，且经营主体多以家庭为单位，这种过于零散的生产单位很难适应规模经营的发展条件，生产出高品质的产品。此类现象使得农业发展受到了巨大阻碍，不能生产出适应时代发展要求的产品，同时也面临着被市场淘汰的风险。不仅如此，由于经营主体大多以家庭为单位，这种过于零散化的生产规模使得当地劳动力很难得到充分利用，在很大程度上影响了劳动效率的进一步提高，不利于其在市场上的竞争。最后，存在于山地区域的农业产品不具备优秀的品牌效益，很难在广阔的市场上站稳脚跟。

2.4 沟域经济中产业布局多样化与规模化的关系

纵观沟域经济的整体发展情况，无论是站在宏观的层面，还是站在微观的层面，在对多样化发展和规模化发展进行选择的过程中，不仅可以研究规模经济与范围经济这两个概念的具体内容，也可以对比比较优势原理和竞争优势原理的实现。

2.4.1 基于规模经济与范围经济理论来理解规模化与多样化

规模经济是指针对某个既定的生产技术水平，伴随生产规模的不断扩大或者产值和产量的不断提高使得企业生产的平均成本，或者是单位产出成本能够得以不断下降。内部规模经济是指随着产量或者产值的增加或提高，企业的长期平均生产成本不断下降。与之对应，外部规模经济一般是指在既定区域内同行业企业不断增多，使诸多处于同一行业的企业可以分享区域内辅助性的用于生产经营的资源、服务于同行业的基础设施，或是与服务、劳动力供给与培训所带来的各项成本的节约。规模经济大多发生在企业等经济组织生产经营的初始发展阶段，或区域经济发展的传统工业化阶段，主要由产出的供给规模带来的经济效益。一个经济组织用较大的规模只生产或提供某一特定类型的产品或专门服务，有可能带来规模经济，但是却不可能获得因多样化活动而导致的范围经济。

范围经济则是以同一核心专长为依托，带动经济业务的多样化，这些多项活动可以共同享有一种核心特长，进而实现各项活动费用的降低或者经济效益的不断提高。内部范围经济通常随着产品或服务的品种类型的增加和扩展，经济组织有机会降低该组织的长期平均成本。而外部范围经济是某一个既定区域，单个企业生产活动的专业化，通过诸多企业的分工与协作，组成区域性的生产经营系统。可见，外部范围经济是通过企业之间的分工与协作、交流与沟通引起成本的节约。

范围经济与规模经济不同，它强调生产不同种类产品或服务（包括品种、规格或经营项目）获得的经济性。对于某个从事多种产品的生产或经营多种服务项目的企业（或经济组织），该企业的生产过程有可能没有实现规模经济，但该企业却可能实现范围经济。范围经济的理论基础，既可以从工业资本主义的原动力上理解，也可以从品种经济性的角度诠释。钱德勒在《规模经济与范围经济——工业资本主义的原动力》中分析认为："西方学者一直试图在规模经济与范围经济之间保持一种平衡。当托夫勒从规模的角度和多品种这两个并列的维度来阐述经济发展的方式时，他并没有特别强调规模的经济贡献。简单地从单一类型或单一品种的大规模生产，转向批量较少，而非多品种的生产，隐含的潜台词是：规模经济，也可视为'品种非多样化的不经济'"。

范围经济，也可以视为“多品种的经济”，或“单一规模品种的不经济”。范围经济和规模经济到底孰是孰非，这需要与企业所处的社会经济以及历史条件等多种因素结合起来考虑。对于身处传统工业化发展阶段的企业，规模经济比较容易达到，范围经济就不那么具备现实。相反，对于身处信息化阶段的企业，范围经济有可能获得更多企业的青睐，品种不经济可能越来越被大多企业抛弃。品种多样化能否带来经济性，通常是基于诸多条件综合作用的结果。譬如，如果要降低企业进行多品种、多样化的生产成本，往往涉及多方面的内容，包括外部经济性、知识是否具有互补、收益是否递增、人力资本的投入、营销的环境、协同商务、网络效应，以及集群发展等方方面面属于内生性增长的范畴，它与规模经济的取向不同。概括而言，这种经济发展方式转变的前提，是经济增长方式从外源性增长转向内生型增长。经济学上内生型增长的关键要点，就是处理品种多样性（即品种经济性）问题。

当然，多样化的实现条件是当前消费需求所追求的个性化，它并没有使规模经济因此而完全消失殆尽。相反，如果通过产品（或服务）的系列化和高度完整的标准化，能够更好地实行“品种多样、批量规模较低、体制上进行大范围生产”，会使规模经济依然影响企业的生产经营和发展（魏士银，2008）。

2.4.2 从比较优势理论和竞争优势理论理解规模化与多样化

比较成本贸易理论（后人称为“比较优势贸易理论”）

是大卫·李嘉图在其代表作《政治经济学及赋税原理》中提出的。该理论认为，国际贸易的基础是生产技术的相对差别（而非绝对差别），以及由此产生的相对成本的差别。每个国家（区域）都应根据“两利相权取其重，两弊相权取其轻”的原则，集中生产并出口其具有“比较优势”的产品，进口其具有“比较劣势”的产品。按照该理论的结论，各国（推及到区域）可以根据比较优势原则，进行完全的专业化生产。于是，特别强调专业化优势时，比较优势理论就与规模经济有了联系：对一些强调专业化比较优势的产业或区域，规模经济就成了其获取比较利益的途径。比较优势的关注点是生产要素（即资源禀赋），也就是一国“天生”的资源，它把国家（区域）间先天赋予的生产条件差别作为获取交易利益的基础（即外生比较优势理论）。为此，强调发挥已有优势禀赋资源的配置效益，就是以比较优势理论作支撑的明显例证。

比较优势理论也存在着分析上的缺陷，因为在李嘉图的理论分析中，比较优势所以能够成立，其严格的假设前提是建立在“两个国家（区域），两种产品（要素）；国家（区域）之间存在某种特征差异；各国（区域）的比较利益静态不变；生产要素在两国间不能流动；不存在技术进步和资本积累……”也就是说，比较优势的获得，完全取决于两国（区域）间两种商品生产成本对比上“度”的明显差异。但如果两国间在两种商品生产成本的对比上不明显存在“度”的差异，即出现“等优势或等劣势”的情况，比较优势理论及其基本原则“两优择其甚，两劣权其轻”的适用性就有相当的局限了，甚至陷入“此优为彼优，无甚可择”或“彼劣即此劣，何以权轻”的两难境地。因此，学者们相继通过引入范围经济、产品差异等概念体系以及从专业化、技术差异、制度、博弈等不同角度完善和拓展传统的比较优势理论。

对于发展沟域经济而言，如果所属区域内具有明显区别于其他区域的特色或优势要素（劳动力、资本和土地等）及自然资源（地理、地势与气候等），并且能够实施一定程度的专业化分工，就可以考虑通过适度规模经营，一方面将城市消费者的需求“吸引”到沟域中来，同时也将沟域优势产业的相关产品或服务“推广”到沟域以外的空间，通过促进沟域内外供求的互动与互补，实现规模经济并进而获取比较优势利益。

同更强调要素禀赋的比较优势理论相比，竞争优势理论除了关注生产要素外，也强调经济组织外部的需求、关联产业和战略等综合因素。世界上少数最有影响的管理学家之一，哈佛大学商学院的著名教授迈克尔·波特（Michael E. Porter)，通过其很有影响的《竞争战略》(1980)、《竞争优势》(1985）和《国家竞争力》(1990）等知名著作，分别从微观的企业和宏观的国家（区域）层面阐述了竞争战略与竞争优势理论。

从宏观的国家（区域）层面，波特在《国家竞争优势》一书中，着重阐述了地理位置在竞争优势中的角色，并将企业竞争优势的概念上升到国家层次来探讨一国如何建立起自身的竞争优势。波特（Porter，1997）认为，一国的贸易优势不像比较优势理论宣称的那样，简单来源于一国的劳动力、自然资源和金融资本等物质禀赋的投入。在全球化快速发展过程中，这些物质禀赋的作用正日趋减少（王胜，2012）。随着一国产业创新与升级能力的提高，国际竞争更多地依赖于知识的创造和吸收，竞争优势的形成和发展也已日益超出单个企业或行业的范围，成为一个经济体内部各种因素综合作用的结果。同时，一国的价值观、文化、经济结构和历史等环境都将成为竞争优势强化的动力来源。因此，“国家应该创造一个良好的经营环境和支持性制度，以确保投入要素能够高效地使用和升级换代（唐洋洋，2015）。

波特通过以钻石模型（又称菱形理论）为分析架构，说明本国企业树立国内竞争优势，要考虑本国的四种决定因素和外部的两种影响力量。所在国家的四种决定因素包括：要素条件，需求条件，相关支持产业，公司的战略、组织结构及竞争。两种外部力量是随机事件（机会）和政府管理。

四种决定因素的意义分别在于：

（1）**要素条件**。包括自然资源、要素资源、教育和基础建设水平等。现今不少国家已具备相应的交通系统与电信网络和人力资源。因此，靠基本的要素条件已不能永保竞争优势，需要将一国的基本要素条件转换成特殊优势，如高度的专业技巧与科技应用能力。以荷兰为例，并非由于荷兰所处的自然地理优势而具有全球首屈一指的花卉产业，而是因为在花卉培育、包装及物流配送等方面有高度专精的研究机构和科技应用能力（宫晶晶，2010）。

（2）**需求状况**。指本国市场对某产业所提供产品或服务的需求数量及消费者需求成熟度。例如山地居多且人均土地资源不足的日本，其农业机械朝小型与灵活的方向发展，是因为本国农业劳动力相对稀缺，资本替代劳动具有一定的市场需求支撑，以及比较习惯使用小型机械的农户。

（3）**相关产业及支持产业的表现。**指相关产业及其上下游企业间通过形成能够相互促进创新的产业群聚，在竞争与合作中获益。

（4）**公司的战略、组织结构及竞争。**企业的组织与管理方式、竞争方式取决其所在地的环境与历史。若某企业所在区域鼓励创新，有政策与规章刺激企业研发新技术、有服务于企业发展的经营环境，或者有很强的竞争对手，都会促使企业为不断适应竞争需要而做出改进，企业竞争力自然会逐步提升。当然，上述四个因素对不同产业的影响程度并不相同。

两种外部力量中，随机事件所带来的机会虽因无法预测而不易控制，但对于市场竞争与适应能力强且有准备的企业而言，抓住并利用好外部机会也是提升其竞争力不可忽视的途径。政府的政策与管理水平对企业的影响，同样不可小觑。

波特的钻石体系是一个动态系统，不但其内部每个因素间会相互影响，也同时会与来自外部的两种力量形成互动关系（图 2-3）。

依据波特的竞争优势理论，发展沟域经济，若单纯从沟域劳动力、自然资源和金融资本等物质禀赋条件出发，盲目追求比较优势或规模经济，会存在一定的局限和片面性。诚然，物质禀赋是获取比较优势的基础，但随着区域中产业创新和升级能力的提高，市场竞争中依赖于创造和吸收知识的比重会逐步增大，物质禀赋的作用将随之日趋减少，竞争优势的获得，会日益超出单个企业或产业的范围而受经济体内

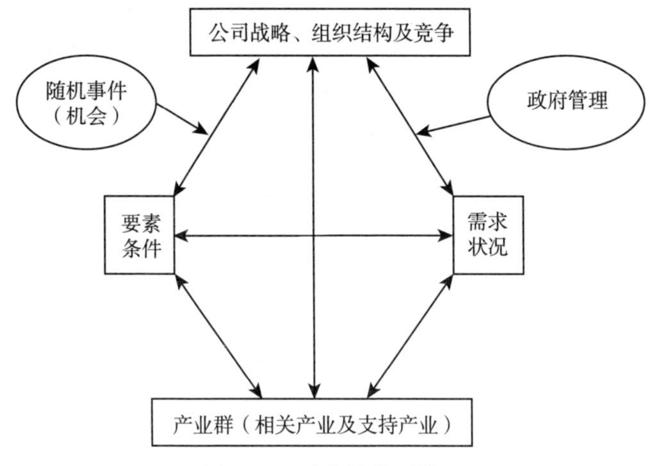

图 2-3 波特的钻石模型

部多种因素的综合影响。因此，创造一个良好的沟域经济发展环境和支持性制度（包括政策、信息、管理与文化建设等），确保劳动力、自然资源等要素条件能够在波特钻石体系中更好地与其他因素产生相互正向的影响与促进，对形成和发展沟域经济的竞争优势将具有重要意义。

在微观的经济组织（企业）层面，波特从企业竞争战略与策略的视角，分析了影响企业竞争态势的“五种竞争力量”和企业维持独特市场地位的“三种通用战略”。其中，五种竞争力量包括：新加入者的威胁、购买者（客户）的议价力量、取代品（或服务）的威胁、供货商的议价力量以及现有竞争者之对抗态势。管理者可以通过运用 SWOT（优势、劣势、机会和威胁）来分析这五种影响竞争的力量，进而测知某产业的竞争强度与获利潜力，为选择与确定合理的产业结构提供理论指导。从“一定程度的垄断可以带来超额利润”这个众所周知的经济学基本定理出发，波特认为管理者可以从“低成本战略”“专精化战略”及“差异化战略”这“三种通用战略”中选择能够获得或维持企业垄断地位的策略。

总成本领先战略是建立在高效而规模化生产之基础上的。它主要通过适度扩大生产规模或保持一个较宽的相关产品线来分散固定成本，最大限度地减小研究开发、服务、推销和广告等方面的成本费用，达到降低总成本并使之低于竞争对手的目标，进而获得规模经济或范围经济。企业赢得总成本最低的有利地位一般要具备较高的相对市场份额或其他竞争优势，如原材料来源优势、产品或服务易于供给优势、批量供给于主要顾客群的优势等。由此看出，沟域经济中如果以总成本领先为主要竞争战略，就需要在规模化和多样化之间做出适宜的灵活选择及合理配比，而不能仅仅依赖于从规模或多样中的某一种单独战略来获得收益。

差别化战略是生产经营者将产品或公司提供的服务差别化，树立起一些全产业范围中具有与竞争者不同的独特优势。在消费者日益追求个性化消费的需求趋势引导下，经济组织通过在产品（服务）特色突出、品牌形象所标示的定位与个性明显、技术领先、及时满足消费者服务诉求等方面的独特表现，来赢得高于竞争对手的收益水平。当然，推行差别化战略有时会与争取占有更大的市场份额（规模化）相矛盾。追求差别化的企业需要付出很高的成本代价，这需要具有购买意愿和消费能力、为追求个性消费而付出更高价格的目标顾客群，来保证经营者盈利的规模。在沟域经济中，差别化战略要特别强调产品（服务）的不可替代性甚至明显的唯一性，其目标顾客一定在对产品（服务）的个性敏感而对价格不敏感的细分子市场中。

专一化战略是结合经营者自身实力及已有资源条件，选择某个特殊顾客群、某产品线的细分子市场，或某区域子市场为主攻目标，力求在小市场获得较高占有率的一种战略。与低成本战略和差别化战略在全产业围内实现其经营目标不同，专一化战略的核心是集中优势资源专心致志地服务于某一特殊子市场。其实现前提是：公司业务范围的专一化能够以高效率、好效果为某一狭小的细分子市场的目标顾客服务，从而超过在较广阔范围内参与竞争的一些对手。然而，专一化战略也意味着限制了可获取的整体市场份额，无法绕过利润率与销售额之间互以对方为代价的关系。

综合而言，李嘉图的比较优势理论着重强调了企业等经济组织向内部生产要素要效益的独立奋斗的生产经营发展方式。然而，国家竞争优势理论则从另一角度，注重充分利用国家以外的各种资源，并基于产业集群优势的经济发展方式。与钱德勒提出的“规模经济”与“范围经济”的说法比较，波特更关注把规模经济和范围经济扩展并应用到所分析的国家及区域经济的发展范畴。从这个意义上讲，国家竞争优势其实就是指国家范围经济。钱德勒提出的范围经济与波特提出的产业集群，共同点在于他们都强调了品种的经济性，也就是通过在相同范围内共享资源，在不同的品种之间合理地分摊成本。一方面是指某个经济组织内部，可以通过品种规模化的形式实现成本的降低；另一方面，某地区也可以基于实现诸多小企业或相关经济组织之间的协同效应，以降低不同产品品种或服务项目的生产经营成本。

总体上，发展山区的沟域经济，需要结合不同沟域范围的要素禀赋优势、影响产业及市场发展的诸多内外环境因素与条件，适当在产业、产品或服务项目的适度规模经营和多产业（产品或服务项目）间的多样化配比发展之间，找到经济平衡点。多样化与规模化是发展沟域经济的两种不同方式，二者可以相互结合，相互促进。各区域应结合当地的地理环境、自然资源等特征选择适宜的生产经营方式。从规避经营风险的角度看，土地经营规模较小的农户面临较高的农业风险，并倾向于以多元化生产策略来分散农业风险；但以种植业生产为主且规模较大的农户，可在较低的农业风险水平上取得较高的收入；生产的多样化经营策略，虽可在一定程度上弱化农业风险，但是对那些风险水平较低的生产项目，多样化策略会加剧农户间的竞争进而降低农户的相应收入；提高非农收入占家庭收入的比重，将会增强农户抵御农业风险的能力。在农业市场风险显现的环境下，没有理由强迫农民将鸡蛋放在同一只篮子里面（李厚廷，2008）。

发展沟域经济中的农业产业，有的易于规模化、基地化，例如干鲜果业、天然药用植物种植业、特殊菌类和林业产业等，它们的发展一般不太受地形的限制，不论陡缓坡、山坡、山凹、低海拔山顶、山谷都能连片种植（陈国阶，2006）。但有的农业产业如粮食、经济作物、花卉等种植条件要求较高，地形要较平坦，有灌溉设施等。因此，要通过基地连片实现规模化较为困难。各区域应从各自实际情况出发，引导农民在沟域范围走产业经营多途径和多样化发展之路。有条件实行土地规模经营的地方，把分散的土地集中到善于经营的个体农户、自愿联合的农户合作组织或农业公司，乃至私人农场手中。也可以用土地、生产资料、资金、技术等入股的方式组建股份制公司，这样能够以最快的速度将土地集中起来，实行土地一定程度的机械化规模经营。在不便于实现机械化规模经营的沟域，可实行一家一户的分散经营和多种经营，将其中的实物农产品由中介商人或中介商贾组织收购起来进入国内外市场。

处理多样化与规模化的基本原则，要根据生产力发展的内在要求做到：第一，从适度规模中追求规模经济和从多样化经营配比中获得范围经济，一定要清醒认识其实现条件的差异，在尊重农民意愿和遵循客观规律的基础上，既不要急于求成，也不能消极对待；第二，无论是选择规模经营或多样化经营中的一种，还是适当配比规模经营和多样化发展，都要坚持因地制宜、形式多样的发展模式，切忌一刀切和一哄而起；第三，搞规模经营或多样化发展，需要坚持政策与管理的配套，通过提供多方面的公共服务和创造适宜的发展环境，促进沟域经济中不同产业发展的可持续性。

第三章　北京沟域主导产业多样化发展与适宜规模选择的供给分析

在沟域经济发展中，无论是基于自然与物质禀赋优势，在比较优势理论指导下采取规模经营以获取规模经济为主要目标，还是基于不同产业发展的基础与内外环境条件，以竞争优势理论为依托而进行产业发展的多样化相互衔接与融合，都离不开对宏观的产业发展和微观的企业经营所面对的产业、产品（服务）等产出供给条件的分析。这些条件既包括自然与物质要素特征，也包括相关（支持）产业群发展和政府政策管理等现状。

3.1　北京沟域产业发展的自然与要素供给特征

3.1.1　沟域内地貌与地势等类型各异

北京地势在宏观上是西北高、东南低：西、北和东北被群山环绕，东南则是缓缓向渤海倾斜的平原。其中，西部是太行山山脉余脉的西山，北部是燕山山脉的军都山，两山在南口关沟相交，形成一个向东南展开的半圆形大山弯，被称之为“北京弯”。范镇之在《幽州赋》中对北京的简要论述是：“虎踞龙盘，形势雄伟。以今考之，是邦之地，左环沧海，右拥太行，北枕居庸，南襟河济，形胜甲于天下，诚天府之国也”。

地理位置上，北京市总体处于北纬39°26′～41°03′，东经115°25′～117°30′。山地海拔一般在1 000～1 500米，与门头沟灵山风景区毗邻且被誉为京西“珠穆朗玛”的东灵山，主峰海拔2 303米，是屏护首都的最高峰。

地貌类型上，北京山区主要有中山、低山、丘陵、平原和山间盆地等。其中山地约占全市面积的62%。在房山、门头沟、昌平、延庆、怀柔、密云和平谷等7个山区（县）范围内，在山地雨水汇集的流径所形成的众多“沟”中，达到1公里以上的相互贯通沟的组合或范围（即自然地理概念上的“沟域”）达到2 000条以上。由于学者们从研究角度界定“沟域”内涵时，不仅指包含沟域的自然地理特征，还涵盖了其中凝结的政治、经济与文化等社会属性。因此，综合考虑沟域长度及其交通条件、是否拥有行政村和一定自然、人文和产业发展等基础资源等因素，确定北京山区具有发展条件的沟域为220多条（何忠伟等，2011）。

北京山区在地质演变中，随着地壳的运动、变形乃至断裂，形成了中山、低山、丘陵和台岗地、山前洪积扇形地和山间盆地等纵横交错且复杂多样的地形，其中构成的众多沟域，因其所伴临的山地在高度、走向和土质特征等方面的差异，适于在其中发展的产业也呈现多种形态：①占山区总面积约1/4的中山，其特点是山高、坡陡和沟深。由此，使其具有交通上的难以通达性和相应的封闭性及边缘性，人工种植业发展受到的约束较大，可通过植树造林并以自然林木发挥生态涵养功能。有条件的一些深沟，也可依靠其自然景观的险或奇，在改善交通等条件的基础上吸引游客。②占山区总面积接近 2/3 的低山，由于植被破坏较严重，普遍存在水土流失现象，其中的向阳沟谷可选择适当林果栽植。③丘陵和台岗地由于其坡度较缓，有利于发展林果业。④由于山间河谷盆地是农业活动和山区居民定居的主要区域，成为沟域经济发展中与农业种养殖及其相关产业集聚和民俗旅游项目较集中的活跃地带。特别是远郊山区工业污染相对较轻，具有发展无公害和绿色食品的得天独厚优势。

图 3-1　北京山区沟域主要分布示意图

资料来源：张义丰，贾大猛，谭杰，等．北京山区沟域经济发展的空间组织模式．地理学报，2009（10）．

在北京农业综合自然区划中，将北京市的地面坡度分为六级（表3-1），其中坡度大于7°的土地面积占全市总面积的52.67%，占山区总面积的85.89%。不同坡度的生态环境呈现不同的特征和现状：地面坡度大于7°，表土有明显的流失现象，在适当区域可发展果树业，其余应该植树造林；而在小于7°海拔较低的岗台地区，可适当发展特色种植业或利用园地山地资源，利于林牧果农游等综合项目。

表3-1　北京市地面坡度一览表

坡度	面积（平方公里）	占全市总面积（%）	占山区总面积（%）
<3°	7 137.65	43.50	—
3°～7°	635.70	3.86	6.30
7°～15°	1 843.74	11.22	18.30
15°～25°	2 109.55	12.84	20.94
25°～35°	2 943.96	17.92	29.22
>35°	1 756.60	10.69	17.43

资料来源：彭文英，等．北京山区沟域经济发展优势与问题研究．绿色经济，2011（2）42.

北京复杂的地貌类型与自然和文化等资源禀赋融合而形成特色各异的沟域，使北京在发展沟域经济时，在产业布局和土地利用上，特别是依托于农业及其相关的休闲和旅游等产业发展中，呈现出多层次和多样化特征。

3.1.2　气候资源在时空分布上复杂多变

北京沟域地带总体上因山势、地形等呈现复杂多变的情况，使其中的光热水等资源在时空分布上虽有一定规律，但也相应体现了多样化趋势。

1. 光能资源时空分布不均

日照时数的区域分布受山脉走向等地理地势影响较大。北京山区日照时数最少的是霞云岭区域，由于有东、西两侧山脉遮挡，每年仅为 2 084 小时。其次是西部山区，日照时数为 2 600 小时左右；密云古北口和汤河口一带以及延庆盆地日照时数最多，达到 2 800 小时以上。北京每年平均实际日照时数在 2 084～2 873 小时的范围，大部分区域在 2 600 小时。日照时数的时间分布以春季、秋季、夏季和冬季的次序依次减少：春季最多，月日照时数在 230～290 小时左右，秋季月日照则是 230～245 小时，夏季因多雨而日照仅在 230 小时左右，冬季最少，月日照时数不足 200 小时，一般是 170～190 小时。

2. 温度变化导致四季分明且各季时间跨度不等

北京的气温受其所处的气候带和地形与海拔高度等综合影响。就其所处的大区域范围而言，北京为典型的暖温带半湿润大陆性季风气候，冬季最长，夏季次之，春、秋短促。夏季炎热多雨，冬季寒冷干燥，春、秋短促，四季温差明显。年平均气温 8～12℃。1 月温度最低，平均－4～－5℃；7 月温度最高，平均达到 25～26℃。极端温度最低是－27.4℃，最高超过 42℃。西山与北山的山前暖区年平均气温在 12℃或稍高。山区则随海拔高度每升高 100 米，气温相应减少约 0.6～0.7℃。北京全年无霜期 180～200 天，其中西部山区较短。同时，随着海拔的升高，无霜期也在缩减：海拔高度每升高 100 米，无霜期大约减少 3～4 天。长城以北区域的无霜期比东南平原大约少 1 个月。无霜期最少的延庆山区，每年只有 150～170 天。

3. 热量资源分布受地理区位和海拔高度影响明显

北京地区≥0℃的气温和积温分布一般比较吻合。西山与北山沿线的山前区域为暖区，积温高于 4 500℃，其中昌平和房山的山前暖区面积最大，活动积温超过 4 600℃。其次是怀柔和平谷，其山前暖区的积温在 4 500℃以上。北京山区的热量一般随海拔高度的增加呈现逐步下降的垂直分布趋势：山区随海拔高度每升高 100 米，积温相应减少约 159℃。在海拔高度＜500 米的低山丘陵区域，年活动积温在 3 900～4 500℃；海拔＞500 米的低山，年活动积温在 3 800℃以下；在海拔高度低于 500 米的低山丘陵区域，年活动积温在 3 900～4 500℃；首都最高峰的东灵山，以及百花山和海坨山之峰顶，年活动积温不足 3 000℃。

4. 降水集中、降水强度大且时空分布也不均匀

北京年平均降水量 600 多毫米，山前迎风坡可达 700 毫米以上，属于华北地区降水最多的地区之一。降水时间在季节分配上，全年降水的 70%左右集中在夏季 6—9 月内，其中 7—8 月间降水最多并常伴随暴雨。这种降水不均容易形成春旱夏涝等农业生产上的自然灾害。降水时间在年际之间的变化也较大，降水的年际变化率达 25%以上，多雨年降水量可达 1 400 毫米以上，少雨年则仅有 240 毫米，降水多寡相差 5 倍以上，容易形成多雨与少雨年交替出现和连旱、连涝的特征。降水在空间区域分布上，由于北京背山面海的地形条件，在平原与山地的过渡区域，沿着山势走向形成了东北与西南方向年降水量在 700 毫米以上的多雨中心：即北山的八河道（年均降水量 800 毫米以上）、西山漫水河一带（年均降水量 760 毫米左右）、平谷区的将军关、怀柔山前地

区、西山的百花山和妙峰山一带（年均降水量均在700毫米以上）。由多雨中心向西北、东南方向降水量逐渐下降。山区延庆的康庄降水最少，年均仅在400毫米。平原的通州与大兴降水量则小于北京的平均水平。

就地下水而言，北京山区因岩石构造而使地下水埋深较大且水量少，通过获取地下水满足生产经营需要，总体上比较困难。在北京总体水资源分布中，西部与北部山区多处于极贫水区和贫水区，干旱缺水和水土流失问题比较多见。

3.1.3 土壤与植物资源较丰富

北京山区的土壤一般呈垂直地带性分布，自高而下由西北向东南方向依次为高山棕褐土壤林果区、盆地褐土粮菜牧区、低山褐土果牧区和山前褐土果粮区（主要是山地草甸土、山地棕壤和山地褐土）。北京区域植物种类繁多，以菌科、禾本科、豆科、蔷薇等科为优势种。林地主要为天然次生林和人工林，以松栎林、杨桦林、杂木林及灌丛等群落和果林、经济林为主。野生动物有兽类约40种，鸟类约200种，爬行动物16种，两栖动物7种，鱼类65种。

北京山区的山地植被类型依据坡度不同可被分为六种（表3-2），不同山地类型下的林木种类各异。海拔高度从东南部的100米上升到西北部的2 000多米，植被也由半旱生灌丛、落叶阔叶林、针阔混交林、山地草甸逐渐演替。

表3-2 北京山地不同类型下的植被构成

山地类型	海拔高度（米）	植被类型
岗台地	100左右	半旱生灌丛

（续）

山地类型	海拔高度（米）	植被类型
丘陵	100～350	同上
低山	350～800	中生落叶
中山下部	800～1 500	落叶阔叶林
中山上部	1 500～1 800	针阔混交林
中山顶部	1 800～1 900	山地草甸

资料来源：彭文英，等．北京山区沟域经济发展优势与问题研究．绿色经济，2011（2）：42.

3.1.4　自然及人文旅游资源多样

北京山区的沟域内山场广阔、植被茂盛、空气清新、环境总体保持良好，旅游资源丰富，是十分难得的“生态绿洲”。在沟网密布的山区，生态和土地空间资源丰富。山区拥有40多万公顷天然林、13.33万公顷果林。山区林木覆盖率达到了70.5%，是首都宜居城市建设的生态屏障和水源涵养地，存量生态服务价值5 000多亿元，年增碳汇967万吨，城市用水的70%来源于山区。沟域内有自然风光与人文景观构成的景点景区多达188处，拥有著名的山峰35座。其中，属于自然风光的景点景区101处，占全市的53.7%；属于人文景观的景点景区87处，占全市46.3%。山区具有世界级、国家级和市级重点文物古迹保护单位15处，国家级与市级各类自然保护区达11处之多。西部有房山区的十渡山水、石花洞、上方山国家森林公园、龙骨山“北京猿人”遗址，门头沟区的潭柘寺—戒台寺风景区和龙门涧风景区，以及中国历史文化名村—门头沟区斋堂镇爨底下村等。西北有延庆的松山国家级自然保护区，以及玉渡山、龙庆峡、八达岭长城和莲花山构成的、以妫水盆地为中心的四大景区和20多个景点的旅游度假基地。东北部有云蒙山和雾灵山国家级自然保护区等。

在人文服务设施资源方面，山区农业观光园占全市总数的70%左右，市级民俗旅游接待村和接待户分别占10个远郊区县总数的87%和91%。

山区这些丰富的自然与人文旅游资源，为促使沟域经济中发展林果业、花卉种植业等休闲观光旅游业，提供了产业互动与集聚的良好空间。

3.1.5 山区人口的规模和素质有所提高

1. 山区人口集聚的速度高于城区

虽然北京山区总体上人口相对稀少，但从户籍人口密度与常住人口密度的变化趋势而言，则呈现出山区常住人口密度高于户籍人口密度，而城市核心功能区常住人口密度低于户籍人口密度的趋势。说明山区人口集聚速度上升而城区下降的变化特点（表3-3）。据北京统计局提供的数据显示，北京全市总面积16 410平方公里，户籍总人口2010年达到1 258万人。全市平均户籍人口密度为每平方公里766人。但在不同功能区的人口密度差异明显：城市核心功能区（东城、西城）户籍人口平均密度为每平方公里24 913人，而山区7个区县（门头沟、怀柔、平谷、密云、延庆、房山、昌平）的户籍人口平均密度为每平方公里217人，其中怀柔户籍人口平均密度最低，仅为每平方公里130人。城市核心区的平均人口密度是山区7区县人口密度的115倍。实际上，北京常住人口数量高于户籍人口：常住总人口 2010 年全市达到 1 961 万人。按常住人口计算，全市平均人口密度为每平方公里 1 195 人。其中城市核心功能区（东城、西城）常住人口平均密度为每平方公里 23 401 人，7 个山区县（门头沟、怀柔、平谷、密云、延庆、房山、昌平）常住人口平均密度为每平方公里 370 人，延庆常住人口平均密度最低为每平方公里 159 人。城市核心区常住人口密度是山区 7 区县人口密度的 63 倍。

表 3-3 北京不同区域 2010 年人口密度指标

区　　域	平均户籍人口密度（人/平方公里）	平均常住人口密度（人平方公里）
全市	766	1 195
城市核心功能区	24 913	23 401
山区 7 区县	217	370
最低密度区	怀柔：130	延庆：159
城市与山区密度比	115	63

资料来源：据北京市统计局提供的数据整理。

2. 山区人口素质逐步提高

虽然北京山区劳动人口的文化素质整体仍处于相对较低水平，但显示出不断提升的趋势。2007—2009 年，本课题组结合对京郊山区沟域经济的重要主导产业——干鲜果品业发展情况的研究，历时 2 年对山区 7 个沟域区县农户的文化素质与经营习惯进行了较大范围的调查，调查对象涉及 1203 个农民户主。结果显示，约 70%的户主文化程度不高于初中，高中及以上文化程度的户主不足 1/3。由于文化程度总体偏低，农户在经营中以厌恶风险的保守型经营为主，其生产经营的产品以就地、就近销售为主，很少自己到所属村镇的区域之外销售产品。但随着山区经济的发展和沟域产业规划的逐步实施，参与其中第一、第三产业经济活动的沟域农民在生产经营中边干边学，逐渐在摸索中提高自身素质。

近年来，京郊农民素质在各类培训工程的支持下逐步提高。随着北京对农民职业技术及文化培训力度的加大，经过培训而结业的人数在逐年增加，从 2006 年的约 6.9 万人增长到 2009 年的 31.4 万人（表 3－4）。

表 3－4　2006—2009 年北京农村成人接受文化技术培训情况

年份	全市职业技术培训结业累计人数（人）	农村成人文化技术培训结业累计人数（人）	农村成人接受文化技术培训占全市比例（%）
2006	2 489 214	689 907	27.7
2007	5 074 282	1 464 311	28.9
2008	7 644 954	2 368 451	31.0
2009	10 004 593	3 144 393	31.4

资料来源：据北京市统计局提供的数据计算整理。

伴随着北京市近 10 年来陆续实施的农业现代化培训工程、星火培训基地建设工程、农村富余劳动力转移工程等活动，以及对农民培训力度的不断加大，各类农村实用人才队伍逐步扩大，农民在陆续接触“网络大课堂”、走进“田间学校”甚至跨入“高校大学堂”的过程中，其文化素质和职业技能总体上持续提升，山区沟域区县范围内的人力资源得到不断充实，这为沟域经济的可持续发展提供了重要的人力资源保障。

3.2　北京沟域相关产业的多样化发展

自2008年北京市第二次山区工作会议正式提出发展沟域经济的思路以来，针对北京沟域经济发展的理论研究越来越多，实践中北京沟域经济的发展也在全国处于领先地位，目前已探索出多种相对成熟的产业发展及相互融合模式。总体上，北京沟域经济的相关产业发展在参与主体、主导产业选择、产业结构优化等方面，都具有与全国其他区域不同的特征。

3.2.1　参与北京沟域产业发展的群众主体性

北京沟域经济发展的前奏，多数是基于居住在沟域的村民从事民俗旅游的基础而演变形成的。在适宜发展沟域经济的北京远郊山区，分布在沟域的广大村民构成了从事沟域相关产业发展的主要参与主体，由此决定了沟域产业发展的群众主体特征。以民俗旅游等相关产业而发展的沟域经济，除了农民自己投资之外，虽然政府和社会各界也在陆续跟进，但就其具有组织化的法人数量而言，与近郊和城区相比总体上还是数量较少的。根据2010年北京统计数据显示，由于北京山区总体上常住人口相对稀少，生态涵养发展区的沟域区县（门头沟、怀柔、平谷、密云、延庆），其经济活动主体的数量（法人单位数、从业人数）均在全市处于最低水平，二者占全市的比重均不超过6.5%（表3-5），且其中还包括不从事沟域相关产业的法人。

表 3－5　2010 年北京各区域经济活动主体分布

区　域	法人单位数（万个）	占全市比重（%）	期末从业人员（万人）	占全市比重（%）
全市	26.8	100	816.9	100
首都功能核心区	4.3	16.0	163.5	20.0
城市功能拓展	15.2	56.7	438.9	53.7
城市发展新区	5.6	20.9	166.3	20.4
生态涵养发展区	1.7	6.4	48.2	5.9

资料来源：据北京市统计局提供的数据整理。

3.2.2　北京沟域农业产业的多样性资源依托

在一定沟域范围内，选择产业多样化经营所需条件也是多样的，特别是在山区选择农业产业的多样化经营时，其适用条件，需结合当地不同的气候和地形地势等情况。因为山区沟域作为一种独特的地域空间，其社会经济结构和地理条件与资源类型比较丰富，可供选择的农业产业和产品结构相对较多。不同地形的气候都有其优势和劣势，根据这些不同气候和地形特征来选择与之相适应的多样化经营模式时，扬长避短是主要宗旨。

在综合分析北京山区光、温、水等资源分布特点的基础上，依据农业气候指标，参照地形地貌和自然景观等条件，农业上将北京沟域范围的山区划分为两个资源条件具有明显差异的区域：①温带半干旱山地果林牧区；②暖温带半湿润缓坡丘陵盆地粮果区。这两个区域在其主要气候特征和农业产业发展上的差异见表 3－6。

表 3-6　北京山区沟域的农业气候区划

农业区 特征指标	温带半干旱山地 果林牧区	暖温带半湿润缓坡 丘陵盆地粮果区
海拔高度和 地形地貌	600～2 000 米 山区	100～600 米缓坡、 丘陵、山间河谷盆地
年平均气温	2.5～10℃	8～11℃
年均≥0℃积温	<3 800℃	3 500～4 400℃
年均负积温	－1 100～－700℃	－700～－400℃
年降水量	450～600 毫米	500～700 毫米
其他特征	多冰雹、大风、暴雨和霜冻等自然灾害；	春旱、暴雨、沟谷泥石流、大风，水土流失等
适宜发展的 农业	①缓坡可栽植干鲜果或培植牧草饲养牛羊 ②陡坡植树造林 ③海拔 600～800 米向阳沟谷宜栽核桃、红果和杏等 ④800 米以上山区热、雨资源不足，宜林和涵养水源	以粮果类为主
包括的区域	门头沟、延庆、怀柔、密云等部分区域	平谷、怀柔、昌平、门头沟和房山等区县的缓坡、丘陵；密云汤河口盆地、延庆盆地

资料来源：依据北京市农村工作委员会提供的资料综合整理。

（1）在山区的高海拔且地形起伏较大地区（海拔高度在 600～2 000 米，相对高度在 500 米以上），一般气温较低，土层较薄，自然灾害多发导致水土流失比较严重；交通运输也不方便。因此，农业开发利用中存在的主要问题是植被覆盖率偏低，荒山荒坡面积过大。这种情况下，在海拔由高到低可适合发展的依次是涵养水源的林业、适宜生长的果业和畜牧业牧草等植物。

（2）在缓坡、丘陵、山间河谷盆地等低山区（海拔高度在 100～600 米），大多是川涧区，河岸边地势平坦，土壤肥力较高，土壤中有机质的含量较高，耕作历史悠久；森林植被稀少，草坡广阔。低海拔地区春季回暖的时间比较早，到了秋天，天气转凉较晚，这些地区可以保证作物有较长的安全生长期。另一方面，充分的光照，充沛的水分，再加上无霜期长，适宜发展粮食、梨、桃、板栗等果木及花草等园艺或景观类作物（蔡建池、黄昌鹍、丁土南，2010）。该区域可形成以耕作业为主且农林业兼顾的多样化作物搭配模式。

（3）在海拔 300～1 500 米坡度较大的地区，自然植被贫乏，农田集中分布在山麓地带、山间谷地和河岸阶地，面积较小。该区域适合发展以旱作农业和大面积林草种植相结合的多样化经营模式，从而改善山区沟域的生态环境，繁荣山区沟域的农业类型，促进沟域经济的多元化发展。

3.2.3 北京沟域主导产业的多样性选择模式

依托于北京山区沟域自然与物质要素禀赋的多样性和相关产业（群）发展历史与环境的差异性，北京沟域产业多样化选择模式的核心是以山区沟域为单元，通过对沟域内部相关的环境、景观、村庄、主导产业进行统一规划，逐步构建出供给内容多样、形式各异、产业融合、特色鲜明且有一定规模的沟域产业带（彭文英、彭美丽、胡乐心，2011）。在这些沟域产业带中，经济的发展既有主导产业牵引型，也有多产业协调参与互补型。

数据显示：在北京 62 个山区乡镇的沟域中，拥有 1 公里以上的沟域约 2 300 余条，其中 3 公里以上的有 220 余条。目前，7 个山区区县已有 70 余条沟域完成或正在编制发展规划。其中起步较早的 17 条沟域已具备了一定的产业规模并起到了示范效应（张自然，2010）。总体上由南到西并向北而开发或具备开发条件的沟域分布是：房山区具备开发条件的沟域有 40 条；门头沟区整体发展 18 条沟域，形成了“走廊带沟域、沟域带园区、沟沟有特色、村村有园区”的发展格局。昌平区将 800 平方公里的山区划分为 10 个沟域发展带；怀柔区则先后打造了 8 条沟域，有效提升了沟域范围 37 个村的山水资源经济价值；密云县具备发展条件的沟域有 62 条，其中条件成熟的达到 20 条，重点计划形成以旅游观光、古迹寻访观光、农产品种植与品尝观光等形式的沟域经济产业带；平谷区发展相适宜产业的沟域有 24 条；延庆县则结合“两区四带多沟域”的农业产业化空间布局，确定了具有发展潜力的 12 条沟域（彭文英、彭美丽、胡乐心，2011）。

2010 年年初，北京市农委会同相关部门组织开展了有关沟域经济发展规划的公开征集工作，向社会发布了 7 个山区县公开征集沟域经济发展规划的信息，并按照每条沟域 400 万元的标准，由市财政对拟招标的沟域给予定额资金补助，专项用于招标代理费、投标人规划设计费等沟域经济发展规划招投标各项相关工作。当年首次向国内外公开征集规划的 7 条沟域包括：房山区南窖沟域、门头沟区妙甸沟域、昌平区高口沟域、延庆县珍珠山水-四季花海沟域、怀柔区天河川沟域、密云县雾灵香谷沟域、平谷区十八弯沟域。征集发展规划的 7 条沟域总长度 346 公里、总面积 936 平方公里，共涉及 13 个山区乡镇的 121 个行政村，内有 2.75 万农户、6.62 万人。沟域内自然条件相对良好，有丰富的景观资源和生态产业资源，共有 40 多个自然、历史遗迹景区，62 个观光采摘园和 62 个宾馆、度假村，其中有 41 个民俗旅游接待村，962 户从事乡村旅游接待产业（参见《北京将高标准规划高水平建设沟域经济》）。2011 年启动了 7 条沟域的建设，7 条沟域已确定了生态建设、基础设施等公益性项目 33 项，计划总投资 4.6 亿元；农民和社会投资产业类项目 27 项，总投资额 60.1 亿元。为了及时掌握沟域经济建设中的各类资源禀赋和动态变换情况，建立北京市沟域经济空间遥感动态监测与评价分析体系，需要用高分辨率遥感影像数据和信息系统开展全面调查。有关部门已经就北京市山区沟域建设涉及的经济信息数据管理和业务运行、沟域经济建设中需要及时监测、分析和参考的典型沟域的生态资源状况、土地利用现状、地质灾害、基础设施、生态移民工程实施状况、生态建设工程施工进度、产业布局等情况的遥感调查专题图制作等进行公开招标。另外，除了首次向国内外公开征集规划的 7 条沟域，各区县还就当地计划自主开发建设的沟域，针对不同需求展开了招投标建设工作，如昌平区延寿沟域和怀柔区喇叭沟门满族乡官帽山沟域等。由此可见，北京远郊山区已进入“沟域经济时代”[①]。

① 资料来源：北京市农村工作委员会。

北京经过近几年的积极探索，沟域经济建设中已经塑造出多样化的产业依托模式，其核心目标立足于休闲和度假，引领产业立足于文化创意产业、农业创意产业等高端产业，形成了集自然与人文景观旅游、民俗文化展示、创意农业发展和生态治理示范等形式的多样化沟域产业发展模式，构建了特色各异的沟域经济体（表 3－7）。

表 3－7　北京山区沟域经济发展的多样化产业依托模式

多样化的产业主导模式	代表性案例
名胜景区带动模式	1. 房山"十渡山水文化休闲走廊" 2. 密云司马台古长城沟域带 3. 昌平十三陵沟域 4. 房山周口店镇红螺谷沟域及河北镇石花洞沟域
自然风光牵引模式	1. 延庆千家店的"百里山水画廊" 2. 怀柔"白桦谷"
民俗文化/人文景观主导模式	1. 延庆井庄特色乡村旅游一条沟 2. 门头沟斋堂镇爨柏沟域古村落文化展示带 3. 房山"上水文化养生谷"
特色（立体）种植景观模式	1. 怀柔栗花沟 2. 门头沟樱桃沟、玫瑰谷等 3. 平谷大华山镇的桃花谷 4. 延庆四海镇的四季花海 5. 房山蒲洼乡立体农业模式
特色养殖/加工拉动模式	1. 怀柔雁栖镇神堂峪"虹鳟鱼一条沟" 2. 房山琉璃河镇肉鸭加工园区 3. 房山南窖乡经济综合开发沟域
农业文化创意模式	1. 密云古北口镇的"紫海香堤" 2. 房山南窖沟域的农耕文化体验区 3. 怀柔九渡河镇的"五色经济"

（续）

多样化的产业主导模式	代表性案例
循环农业及生态休闲模式	1. 房山霞云岭乡循环经济模式 2. 门头沟生态休闲观光走廊 3. 延庆大庄科生态旅游一条沟
多产业融合发展模式	1. 怀柔雁栖镇的“不夜谷” 2. 密云古北口镇的汤泉香谷

资料来源：根据实地调研和相关文献综合整理。

表3-7中的主导产业类型划分不是绝对的，每一种发展模式都不是一种主导产业唱独角戏，而是以主导产业为牵引、以产业的多样化融合发展为集聚休闲旅游人气的途径，力争做到主导产业规模化与配套产业多样化的结合，使休闲旅游主题丰富多样。

从经济发展的增长极理论看，无论是名胜景区、自然风光，还是民俗文化或人文景观，都是形成沟域经济增长极的“磁场”，对周围一定范围的区域产生不同强度的吸引或辐射作用，影响和带动了整条沟域的经济增长。休闲及旅游度假相关项目作为沟域经济发展的市场供给核心点，在经济学中一般具有较高的需求收入弹性和生产率提升特性，是促进沟域经济持续增长的引擎（陈俊红、李红、周连第，2010）。围绕旅游业展开的沟域经济建设，在解决旅游所需的“吃、住、行、游、购、娱”等问题和开发当地土特产等各种旅游食品和特色纪念品的过程中，促进了沟域内第一、第二和第三产业的发展，以旅游为牵引的各产业能够在功能互补中呈现多样化融合态势，并促使沟域的人流、物流、信息流和资金流等流动不断加速，进而提升了城乡市场供求互动水平。

就产业关联度的理论而言，能够优先被选择为主导产业的行业，其产品不但能够直接参与社会分配，并用于最终需要，还可以分配到生产领域的其他许多部门作为投入品，并且在经济上可行。北京山区沟域经济发展中，立足于种植养殖等农耕文化和农业景观等创意文化驱动的农游结合型沟域经济发展模式，其广袤的坡地、特殊的气候条件、洁净的水土与空气资源，如果规模相对集中，就可以作为生产绿色果蔬、花卉、粮食、养殖的理想场所，经过合理整合而形成规模经济效益，从而促进特色（立体）种植景观、特色养殖/加工基地、种养复合农业、文化创意农业、循环农业及生态农业等产业发展，并通过产业的多样化聚集，最终形成产业集群，逐步壮大沟域经济的吸引力和实力。如怀柔区，发展沟域经济的思路是打造特色鲜明的沟域产业带，然后以点带面，形成聚集规模，促进区域中不夜谷、水长城、栗花沟、溪水湾、白桦谷、银河谷和白河湾等沟域特色产业的规模化或多样化发展。房山区重点根据各条沟域的资源禀赋，发展了特色种植业、特色养殖业及生态旅游业等，实现了山区的立体多样化开发和一沟一品的局部规模化发展（陈俊红、李红、周连第，2010）。

3.3　北京沟域相关产业的规模化发展

从理论上讲，谋求产业规模化发展的核心目的是获得规模经济。因此，影响规模经济实现的因素也是制约产业规模化发展的障碍。

3.3.1 制约产业规模经济实现的因素

在一种产业或产品的生产经营规模扩大时，产量的增加比例小于投入要素的增加比例，收益递减，就是规模不经济。市场经济中，生产经营者总是追求规模经济，避免规模不经济。追求规模经济、研究取得最佳经济效益的合理规模及其制约因素，以及各种不同经济规模之间的相互联系和配比，揭示经济规模与结构的发展趋势，寻求建立最佳规模结构的主要原则和对策，对于产业发展和社会总体生产力的提升具有极为重要的意义（王征宇，2007）。一般而言，制约规模经济的因素主要包括：

（1）**沟域自然、地理和地势地貌等条件，一定程度上制约着产业或产品的供给规模**。北京山区沟域复杂的地貌类型（中山、低山和丘陵等）组合使农业生产的机械化使用规模和产品运输交易能力在一定范围受到限制。宜草、宜花、宜菜、宜粮、宜果和宜林等土壤水肥资源禀赋的差别，决定了发展不同类型农业产业的规模也各不相同。都市农业产业在山区所发展的采摘、观光、景观农业和民俗旅游等产业均具有空间的不可移动性，其产品或服务受山区交通制约，使大规模运输或交易受到限制，适合生产或服务的区域面积导致供给规模无法自由扩大，因而有旅游观光的供给接待量制约。

（2）**物质技术装备水平**。如农业水利、设施、装备、品种技术等投入能力，或者民俗户满足需求的配套设备等，影响农业及关联产业、企业或民俗户等生产或服务的供给规模。

（3）**一些景观农作物的生长耕作要求，使其供给的区域连续性不足。**北京山区沟域发展景观农业，如密云雾灵西峰和延庆百里画廊的向日葵海景观，因向日葵是不能连作的品类，第二年必须轮换种植其他作物，使得旅游者的观赏目标和内容要不断轮换，由此带来广告宣传、品牌推广等营销费用增加和供给区域欠缺连续性和稳定性等弊端，对沟域农业景观特色的稳定带来冲击，直接影响规模经济的实现。

（4）**社会经济条件。**如资金供求、市场发育程度、劳力数量与结构、协作水平、市场需求拉力等，对农业及关联产业的生产或服务规模有不同程度的影响。

（5）**社会政治历史条件**（如政策导向、生产经营或服务习惯、消费偏好等）。这些是制约规模经济实现的外部因素。

3.3.2　影响北京沟域农业产业经营规模的因素

1. 农业规模经营的理论误区

规模经营指的是人们在社会、经济、技术等条件既定的情况下，选择和建立生产力诸要素最佳组合规模，以取得最大的经济效益。规模经营实质上是生产要素的配置问题，其核心是经济效益问题。它存在于经济生活的各个领域，农业也不例外。对于农业中的规模经营，主要存在的几个认识误区是：

（1）**混淆农业规模经营与农地规模经营。**农业规模经营是一个综合概念，它是包括土地、劳动力、资本等农业生产要素在内的规模经营，反映的是农业生产经营中生产要素的聚集程度和组合关系对农业经济效益的影响。而农地规模经营是农业规模经营的一个重要组成部分，它主要反映的是农地规模大小对农业经济效益的影响。我们说实行农业规模经营，并不一定要靠农地规模的扩大来实现（伍业兵，2005）。

（2）**把农地规模经营与家庭经营对立起来**。二者其实并不矛盾。家庭经营的内在含义是以家庭作为农业的基本经营单位，这并不意味着家庭经营就一定是小规模经营。它作为一种经营方式，可以置于不同的所有制形式之中，也可与不同的经营规模相结合。家庭经营农地规模的大小不在于家庭经营这种形式，而是取决于不同的资源禀赋、社会经济条件等因素。

（3）**确定农地规模经营的适“度”有难度**。通常，实现农地规模经营的条件是必须具有一定数量的可耕地。然而，并不是耕地规模越大越好。在现有的技术条件下，如果经营面积过大且超过了生产的设备能力，劳动力和机械等要素配置不足，就会导致经营不足，粗放经营会产生单产下降等土地利用的不经济。反而言之，如果农地规模经营过小，则可能导致其他要素闲置和利用不当，同样也会产生不经济。可是规模到底多大是合理的？这里的农地规模经营是个相对的动态概念，要在现实中确定农地规模经营的“适度”并非易事，这里至少要考虑三点内容：第一，适度规模受到一个国家或同一国家的不同地区土地资源丰缺程度的影响。第二，农地经营规模的适度程度是各种各样的自然因素和经济因素综合作用的结果。伴随着时间的推移，自然条件和经济条件等诸多因素都在发生变化，适度规模的范围也必然随之变化。第三，不同的农业生产经营对象需要对应有不同的农地规模（伍业兵、甘子东，2007）。

此外，有学者认为（许锦英，2009），我国在整合小农经济、发展现代农业的过程中，过度依赖土地集中规模经营路径的主要原因，是受主流经济学规模经济理论的影响，并混淆了规模经营与规模经济的概念，误以为规模经营就是规模经济，有规模就会有效益，甚至长期认为只有大规模的生产经营主体才能承载现代农业大生产、大机械。因此，只强调资源配置规模和规模效益，忽略了分工专业化及组织制度创新对效益增长的重要贡献。显然，这是一个很大的理论误区，也是一个长期存在争议的领域。

总之，规模不等于规模经济；规模经济不取决于农场规模的大小，它还是制度的产物；规模经济并不是提高经济效率惟一的、主导的因素，它可能只是经济社会发展和产业分工专业化的一个结果（伍业兵，2007）。

2. 影响沟域经济经营规模的因素

（1）人地比例、农业经营对象和耕作制度影响经营规模。土地资源从两个方面影响着土地经营规模：一是人地比例从总体上决定了经营主体的土地数量规模；二是土地资源状况决定的农业主要经营对象和耕作制度，决定了单位耕地所需耗费的劳动量、资金及技术条件，这些都反过来决定了土地经营规模（周策群，1996）。资料显示，北京山区在行政上包括怀柔、密云、平谷、延庆、昌平、门头沟、房山 7 个山区（县）的 83 个山区和半山区乡镇，面积为 1.04 万平方公里，占北京市总面积的 62%，共有 1 669 个村委会、61.8 万户、161.8 万人，占北京市人口总数的 14%，如果按此数据计算户均土地约为 0.64 公顷（贺东升、刘华、张颖、薛正旗，2012）。如果按照陈欣欣等调研结果分析，北京沟域经济是不适合土地经营规模化的。但是北京沟域范围很广，会有区域性规模经营，而以上分析为总体分析，个别案例不在此研讨范围内。

(2) **经营环境影响经营规模**。主要包括经济发展水平、农业社会化服务体系的完善程度、存在的风险、不确定因素和相关政策性配套措施以及市场发育程度、交通运输便利情况等社会经济条件。这些条件的差别将不同程度的影响土地的经营规模和适度规模经营的推行。

(3) **生产力水平影响经营规模**。当地农业生产和技术装备水平较高，以机器为主要生产工具的，由于机器设备形成的序列和工艺流程的连续性和相关性、劳动的集中性和协作性较强，就决定了土地经营规模要相应大一些，以利于发挥机械作业的优越性。山区总体发展水平较低，产业发展较为落后（张侠、葛向东、彭补拙，2002）。

近年来，各区县人均 GDP 远远低于北京市人均 GDP，在各区县中，门头沟、平谷、密云、延庆的人均 GDP 相对较低，怀柔区的人均 GDP 相对较高。从产业的增加值来看，山区仅仅农业增加值占北京市农业增加值的比重较高，其他的项目均较低，第二产业增加值占北京市的比重为20.36%，第三产业增加值仅占北京市的 5.22%，地区生产总值也仅占北京市的 9.18%（李鹏、韩洁、马兴、袁顺全、庞纯伟，2011）。

(4) **劳动者素质影响经营规模**。土地规模经营是一种商品性生产，而且具有一定的企业化经营性质，这就要求劳动者不仅要懂得农业生产知识，掌握一定农业机械和现代科学技术，而且要有企业家的头脑，具有一定市场知识和公关能力等。因此，并不是任何人都能胜任的。农业劳动者的素质状况也就决定了规模经营的数量界限和效益状况，甚至制约着规模经营的成败（周策群，1996）。

3.3.3　北京沟域产业的规模经营模式

1. 沟域产业的规模经营条件

与农业相关的沟域产业要实现规模经营，离不开一些基本条件，如合作社或龙头企业的大力发展与沟域经济建设相结合，大批农业（剩余）劳动力转向二、三产业，并有稳定的收入；当地具有较好基础设施和必要的技术或设备支撑；有效的耕地流转制度；具有较高的农业比较利益和农业的产业吸引力；比较健全的服务体系；沟域产业的相关经营者具备较高的文化素质等。

2. 北京沟域产业的规模经营模式

根据要素投入及产品（服务）产出方式，把北京沟域产业的规模经营分为外延式的规模经营和内涵式规模经营两条道路。

（1）外延式的沟域产业规模经营，是通过扩大土地规模、产品或服务项目的供给品种（如一村一品等）规模以及农机设备等要素的数量，而实现的规模经营。对北京沟域经济而言，由于受山区地理、地形条件的制约，农机的规模使用一般受到限制。因而，其外延式规模经营，主要以投入要素中的土地规模经营或产品供给品类的规模经营为主。

土地的规模经营主要以土地的相对集中为条件，而土地的相对集中又以一部分农民有稳定的非农工作、稳定的收益以及较完备的社会保障且农民愿意进行土地流转为条件。因此，现阶段外延式的规模经营只适用于非农产业发展有一定基础、集体经济力量较强大或有强大龙头企业带动的情况。目前北京沟域经济的规模经营，以依托于集体经济掌握一定规模土地或农民自愿流转而形成一定规模的土地为主。

（2）内涵式的规模经营是通过整合现存的沟域农业资源，通过提高现有土地、劳动力、设备（资本）和技术的使用效率，从而获得最大的经济效益而实现。这将是实践中面临的相对理性的选择。目前京郊沟域经济发展中，依托于果蔬产品的采摘、农业劳动体验和农业文化教育等形式的经营，就是在劳动密集型沟域果蔬产品经营中，充分利用市民体验等劳动力资源，使产品或服务供给者达到既充分发挥劳动使用效率，又提高产品产出效益的规模经营方式之一。同时，一些项目的启动和发展也离不开资本与设备的投入。如北京的四季花海沟域，当地通过合作、参股、入股和独资等不同方式，引入社会投资约 2.5 亿元，参与沟域的开发，建成四海镇的“四海为家”乡村酒店、四海美景度假村等项目。

当然，外延式和内涵式的规模经营并非完全独立，而在一定程度上存在相互渗透。

第四章　北京沟域主导业态的需求分析

在统筹北京山区沟域经济中生态效益、社会效益与经济效益平衡发展的前提下，坚持市场导向原则，充分合理地将北京沟域的自然、历史、文化、旅游和农业多功能发展等优势，转变为吸引消费需求进而形成具有一定市场需求规模和需求拉动力的经济优势，对统筹沟域主导产业在多样化发展与规模化经营中优化布局结构，提高北京山区农民收入，都具有十分重要的战略意义。

本章将近年来沟域经济发展中，与消费者需求密切关联的产品及旅游休闲等服务项目作为消费对象，分析消费者对于沟域主导产业中多样化或规模化经营的产品或服务项目，在需求偏好和忠诚度上的差异及其影响因素，来观察沟域主导产业多样化或规模化经营在市场需求上的不同表现，并进一步探讨适合北京沟域经济可持续发展的多样化或规模化经营条件及其主导模式。

4.1　调研背景概述

北京沟域主导产业以其所在村落及所在区域内的历史人

文、自然禀赋为资源依托，以北京大都市为客源依托，呈现出一种蓬勃的生命力。然而在沟域经济的实践和发展过程中，不可避免的存在一些问题。因此，有必要对北京沟域经济主导产业的消费需求特征进行实证研究。

1. 调查地点与对象

本研究选取北京东城、西城、朝阳、海淀、石景山、丰台城六区为调研区域，以城六区居民为主要调查对象，调查其对沟域经济主导产业中景观、产品及服务等相关项目的消费需求情况。调查问卷主要在北京城区发放，共发放调查问卷 400 份，回收 350 份，有效问卷 326 份。问卷调查方式主要有以下四种形式：街头拦截访问、留置问卷、入户访问、消费现场调查。被调查消费者所旅游的北京郊区（县）所占比例为：房山 21.17%，怀柔 17.18%，昌平 16.26%，延庆 14.72%，密云 11.04%，平谷 9.82%；其中涉及房山十渡、怀柔不夜谷、昌平民俗村农家院、延庆百里画廊、密云与平谷相关特色景区等代表性项目。

2. 问卷设计

为保证调研内容的相关性，问卷设计主要包括四部分的内容：第一部分为标识性题型，包括 9 个部分，主要是关于消费者游览北京沟域景点的隶属区县、游览项目的主要名称、相关景点喜欢程度的选择、相关沟域景点的特点、消费者的推荐意愿及其是否重复消费等。

第二部分为与消费者需求有关的基本信息，包括 10 个部分。首先是与消费者相关的需求产品：最感兴趣的、最满意的以及最想尝试的沟域项目（活动）；其次是消费者出游的行为方式：消费者与同行者的关系、消费者的滞留时间、消费者的出游方式；再者是消费者出游的决策信息：消费者出游的目的、获取出游信息的渠道；最后是有关消费者的花费情况。

第三部分是有关消费项目态度评价的信息，主要由15个部分组成，本部分采取分项评分量表中的Likert量表对消费者一次游览项目总体评价，首先是对游览的客体即景观的满意程度、丰富性以其布局的评价；其次是对游览的提供者即服务商的服务、卫生、住宿、费用的合理性以及项目的宣传性方面的评价；最后是消费者对游览项目交通与居住的距离的态度。

第四部分为消费者基本统计特征信息，主要包括消费者的性别、年龄、婚姻状况、受教育程度、从事行业以及月收入情况的统计信息。

该调查问卷只有第一部分有一道开放性的非结构性试题，据此题消费者可以自由填写是否自己再次光顾消费的原因。问卷第二、第三与第四部分全部是结构化试题，结构性试题主要采用了多选题、二项问题与分项评分量表等形式。第三部分消费对游览项目进行需求评价的内容，则以Likert五级量表为主，描述消费者对此次游览项目的态度。

原始数据分析运用Excel软件和SPSS17.0统计软件，采用了描述性统计分析、频数分析、交叉分析、二元回归分析等方法。

4.2　消费者基本信息

消费者市场的人口统计特征对沟域经济主导产业的项

目有直接的影响，因为消费者不同的性别、年龄、婚姻状况等内在因素影响着消费者的消费需求水平，消费者不同收入状况直接会影响消费者的滞留时间以及消费层次，消费者不同的文化程度和从事行业背景的差异会导致对沟域经济主导产业相关项目的内容和质量的要求有所不同。

由原始数据得出，北京沟域相关项目被调查的消费者社会人口统计学特征如下：

1. 消费者的性别

从性别上看，被调查对象中男性消费者（51.5%）略高于女性消费者（48.5%），消费者男女比例基本持平。这说明随着女性的经济收入的增加与社会地位的上升，对沟域项目的购买能力增强，其沟域相关项目的消费需求增加，越来越追求于归属、自我实现与审美等更高精神层次的需要。

2. 消费者的年龄

从年龄上看，25～34 岁的消费者占 42.3%，19～24 岁消费者占 33.4%，33～54 岁的消费者是 22.7%，55 岁以上为 1.2%，18 岁以下仅为 0.3%。可见被调查者以中青年为主，高达 76.1%。这一方面说明消费者对于北京沟域相关项目充满好奇与理性，从而显示出北京沟域经济巨大的消费潜力及其稳定的市场；另一方面，这种情况还与消费者都市化的生活与工作有关，都市喧嚣的生活与日益增加的工作压力，将使人们更加寻求多样化与丰富化的生活，从而释放工作压力，净化身心，回归自然。可见北京沟域经济发展中的相关项目，中青年是主要消费主体。

3. 消费者的文化程度

从消费者文化层次来看，消费者本科文化学历为

52.1%，大专为26.7%，高中为12.3%，研究生以上学历为8.3%，初中以下仅为0.6%。本科以上的消费者达到60.4%。这表明，被调查的消费者受教育程度总体水平较高。消费者文化素质较高，这正是北京沟域经济文化创意产业与民俗文化产业兴起的源头。

4. 消费者的行业

从消费者所从事行业来看，企业管理人员与企业一般工作人员居于首位，所占比例分别为19.94%和19.63%；事业单位一般工作人员为18.71%；在校学生为11.66%；事业单位管理人员为11.04%；党政机关为8.26%；自由职业者为7.96%；离退休人员为2.45%；其他占0.31%。可以看出，企事业单位占被调查消费者的绝大部分，达到60.9%。

5. 消费者的收入水平

从消费者的月收入来看，月收入5 001～9 999元的消费者所占比例为42.0%，为消费主体；月收入5 000元以下的消费者为28.2%；月收入1万～3万元的为24.8%；月收入3万～5万元的为4.6%；5万元以上的为0.3%。月收入5 000元以上的消费者达到71.8%。可见，被调查的消费者，其收入水平以中上游为主。消费者的收入水平较高，说明北京沟域经济项目具有吸引中高收入群体的能力。

综上可知，北京沟域旅游的消费者，主体是以中青年为主，年龄多数在25～55岁之间。消费者文化程度多在大专以上，以本科为主；消费者主要是企事业单位人员居多。男性消费者略多于女性消费者，消费者多为中高收入群体，月收入水平大部分在5 000元以上。

4.3 消费者基本消费特征分析

4.3.1 消费行为特征

消费者出游行为特征主要考虑消费者的出游方式、出游同行关系与滞留时间等方面。

1. 消费者的出游方式

消费者出游方式的意向关系到沟域经济产品、项目（服务）市场营销的渠道选择和促销方式的创新。根据消费者基本出游方式类型，在消费者的主要出游方式中，自驾车比例为 56.4%，坐公交车的占 18.4%。说明自驾车与公交车是人们出游的主要交通方式。北京沟域经济消费者即北京城市居民经济能力强，自驾车已成为人们郊区旅游必不可缺少的一种出游方式。另外，由于北京山区基础设施逐渐完善，特别是交通便利，公交车一直是人们简捷、高效的出游方式之一。

2. 消费者的同行关系

在消费者出游的同行关系中，和家人同游的比例占 38.0%，同亲朋好友为伴的占 35.6%，同事为 14.4%，旅游团成员为 5.5%，有工作关系的人为 3.4%，其他占 3.1%。可见，消费者出游最关注与家人同乐；其次是亲朋同事之间工作之余的交流。因此，北京沟域经济发展中，首先需重视消费者家庭的需求拉动，其次是不可忽视的亲朋好友等同伴的相互影响。

3. 消费者的滞留时间

消费者的滞留时间，过夜一晚为 45.7%，当天往返的为41.7%，过夜两晚的为12.0%，过夜三晚以上的只有0.6%。此状况是由于北京沟域大多数位于“1小时都市圈”，交通比较便利，消费者当天往返比较方便。这说明北京沟域消费者多数是在周末进行郊区沟域旅游，周末出游的客源是消费主体。

总体来说，消费者多数采取自驾游的方式，出游主要考虑朋友与家人的意愿，出游方式主要和朋友家人一同出游，消费者住宿与当天往返情况基本持平。这说明北京沟域消费者多数是家庭游或亲友游，多数在周末出游。

4.3.2　消费决策特征

1. 消费者的出游目的

从消费者出行目的来看，消费者特别偏好养生娱乐（24.5%）与回归自然（21.5%）相关沟域项目；其次则是身心健康的需要（18.4%）。几种方式的综合需要为14.4%；文化科普教育较低，仅为1.2%。可见，相对于物质需求来说，消费者出游的目的更加注重休闲层次的需求（养生娱乐、回归自然与身心放松）。这较为符合马斯洛的需求层次理论，当人们低层次最基本的需求得到满足后，人们更加注重较高层次非物质领域的需求。

男女消费者的出游目的在养生娱乐（51.2%与48.8%）、回归自然（47.9%与52.1%）和身心健康的需要（46.7%与53.3%）方面所占比例大致相当，说明现在北京市民比较注重养生与放松身心的需要。除此之外，相对于女性消费者来说，男性消费者出行的社交需要较强（54.5%与45.5%），更加偏好于满足好奇心（63.6%与43.4%）、享受美食方面（59.3%与40.7%）和彰显消费个性（75%与25%），这主要是男性的社会角色所决定并且与其个人因素有关。

北京沟域消费者在养生娱乐方面偏向于企事业单位人员集中化的趋势，其原因主要与其工作环境有关，他们不再仅仅满足于单调而重复的工作，更加追求于丰富的业余生活。

2. 消费者出游的意愿

消费者出行首先考虑的是朋友的意愿，所占比例为31.6%，其次是自己的意愿为20.6%，再者是老人的意愿11.7%，同事为11.0%，配偶与孩子的意愿分别是9.2%与8.6%，最后是亲戚5.5%。这说明消费者多数与朋友和家人一同出行，是人们人际交往的一种外在表现，人与人之间的交流，特别是朋友之间的交流，是消费者的精神层次的需求。

3. 消费信息获取渠道

从消费者获取沟域经济旅游消费产品或相关服务信息的途径看，亲友推荐的比例占第一位（52.5%），说明北京沟域项目的宣传以口碑传播为主；其次是媒体宣传（网络、电视、广播与报纸）占34.7%；而经营商宣传能力相对较弱。可见，经营商应注重自身加大市场宣传力度。

4. 消费者的消费频次

从消费的频次看（图4-1），消费者首次消费的比例较高为66.7%；对首次消费的消费者而言，表示愿意重复来游玩的比例为75.2%。可见，北京沟域经济景观已得到大部分消费者的认可，顾客忠诚度总体较高。

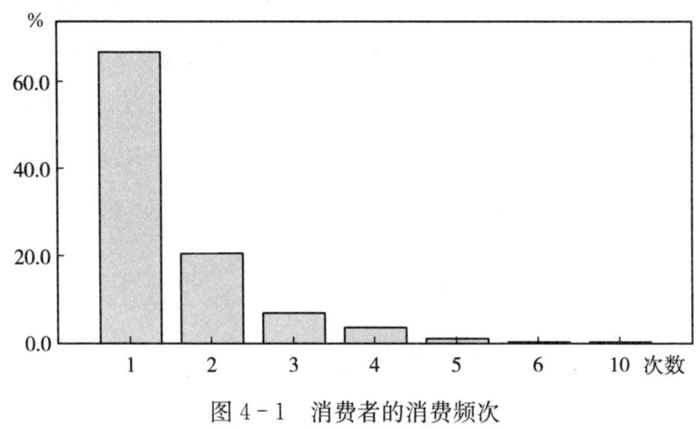

图 4-1　消费者的消费频次

以上可看出，消费者出游主要偏好于养生娱乐、回归自然与身心健康等沟域项目，获取信息渠道主要是通过亲友推荐，以口碑传播为主，通过媒体获取相关旅游旅游信息较少。这从侧面一方面表明北京沟域相关项目的消费者忠诚度较高，而另一方面，供应商的市场宣传营销能力较弱。

4.3.3　消费产品需求

从消费者郊游主要活动的角度来说，北京沟域经济的需求产品主要分为三种类型：消费者最感兴趣的需求产品、最为满意的需求产品与最想尝试的需求产品。从消费者本身内在联系来说，其消费需求的产品又与消费者性别、文化、行业有关。

1. 消费者最感兴趣的需求产品

总体来看，消费者最感兴趣的需求产品中采摘比例最高（17.2%），其次为农家吃住（14.7%）和享受自然风光（13.8%），接下来为垂钓（10.7%）与观赏田园风光

(9.8%)。这说明消费者最感兴趣的需求产品为农产品采摘，消费者可以体验收获所带来的喜悦，其次依然为“食”（农家吃住）说明“饮食”内容还在消费者之中占有重要的比例。

图 4-2　消费者最感兴趣的消费需求产品

(1) 从性别来看，男性消费者最感兴趣的需求产品（活动）是享受自然风光（18.6%），其次为农家吃住(16.8%)、采摘（16.8%）与垂钓（10.8%）。女性消费者最感兴趣的需求产品（服务）是采摘（17.8%），其次为观赏田园风光（13.4%）与农家吃住（12.7%），这说明消费者最感兴趣的需求产品与消费者性别有关：男性消费者工作压力大，需要通过享受自然风光来达到缓解工作压力的目的；其次说明男女社会分工的角色正在发生潜在的变化，女性工作压力逐渐增大，其关注的不仅仅是工作，还有生活等方面。

（2）从年龄来看，25～34岁消费者为最感兴趣需求产品的消费主体（42.3%），更多的关注采摘与农家吃住。因此，经营商应该大力种植无公害、绿色有机时令果蔬。其次，做好餐饮与住宿相关的配套服务设施。

（3）从受教育程度来看，拥有本科学历的消费者是最感兴趣需求产品的消费主体，其主要需求产品为采摘，其次为享受自然风光与农家吃住，再者为垂钓。这说明高学历的消费者更加注重精神层次的追求。

（4）从行业角度看，企事业单位人员为最感兴趣需求产品的消费主体，多数关注在采摘、农家吃住、享受自然风光与垂钓方面。

2. 消费者最为满意的需求产品

总体上看，消费者最为满意的需求产品：农家吃住为20.55%，享受自然风光为18.4%，观赏田园风光为14.11%，采摘为12.88%。可见，北京沟域经济的农家吃住较有特色。

从性别上看，男女消费者对农家吃住、享受自然风光、采摘与观赏田园风光最为满意。从年龄上看，25～34岁消费者为最感兴趣需求产品的消费主体，对农家吃住、享受自然风光、采摘与观赏田园风光最为满意。

总体来说，消费者在沟域游览中，其消费“产品”主要是农业休闲体验的采摘、垂钓、观赏田园风光、农家吃住、享受自然风光、游拜远郊庙宇、探寻历史文化遗迹等。其中消费者最感兴趣的由高到低依次是采摘、农家吃住、享受自然风光、观赏田园风光；而农家吃住、享受自然风光、观赏田园风光最为消费者所满意；消费者最想尝试的消费“产品”主要有采摘、体验民俗表演、非开放区猎奇、探寻历史遗迹、垂钓、骑马、动植物饲养等休闲项目。

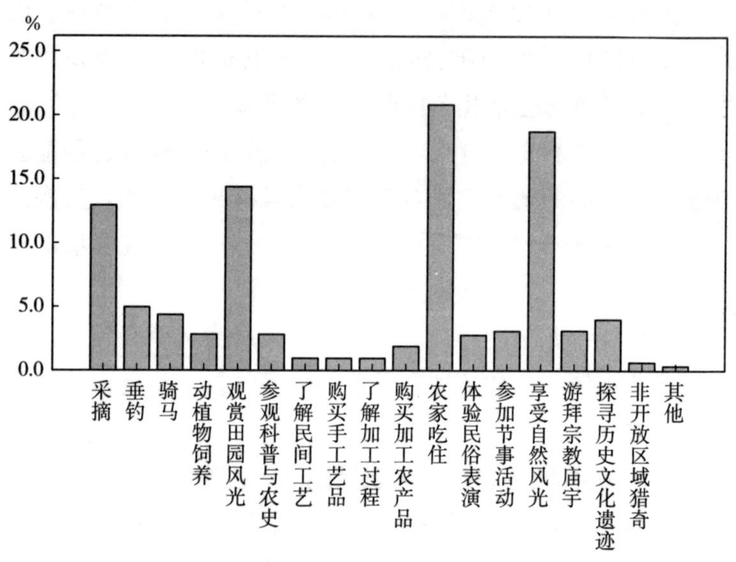

图 4-3　消费者最满意的消费产品

4.3.4　消费者需求的感知分析

消费者需求的感知主要分为消费者期望感知、沟域景观感知、配套设施感知、基础设施感知。

1. 消费者期望感知

消费者游览后与出游之前想象的差距，是消费者对沟域游览的期望。24.2%的消费者认为达到了原来期望，51.5%的消费者认为好于游览之前的想象，10.1%的消费者认为远远好于原先的期望，只有 14.1%消费者认为没有达到原先期望。由此可见，总计 85%以上的消费者对沟域相关项目游览的满意度较高。

表 4-1　与想象差距和性别间的交叉分析表

		性别		总计
		男	女	
远不如想象	个数	5	9	14
	占性别的百分比	3.0%	5.7%	4.3%
不如想象好	个数	16	16	32
	占性别的百分比	9.6%	10.1%	9.8%
与想象相似	个数	40	39	79
	占性别的百分比	24.0%	24.5%	24.2%
好于想象	个数	92	76	168
	占性别的百分比	55.1%	47.8%	51.5%
远好于想象	个数	14	19	33
	占性别的百分比	8.4%	11.9%	10.1%
总计	个数	167	159	326
	占性别的百分比	100.0%	100.0%	100.0%

(1) **男女消费者的期望感知。**87.4%的男性消费者认为超过了预期期望，84.2%的女性消费者超过了预期期望，如表 4-1 所示。

(2) **不同年龄的期望感知。**85.4%的 19～24 岁之间的消费者认为超过其预期期望，其中，24.8%的消费者感受与想象相似，44.0%的认为好于想象，15.6%认为远远好于想象；只有 15.6%的消费者认为没达到其预期期望。85.8%的 25～34 岁之间的消费者认为此次游览超过了其预期，其中 21.0%认为与想象相似，57.2%认为好于想象，更有 6.5%认为远远好于想象；只有 15.2%的消费者没有达到预期期望。35～55 岁的消费者：其中 88.2%的消费者认为与想象相似或超过预期，只有 10.8%的消费者认为没有达到其预期目的。

（3）**不同收入消费者的期望感知**。月收入在 5 000 元以下只有 14.1%的消费者认为没有达到其预期期望，85.9%认为与想象相似或好于想象。5 001～9 999 元之间 84.7%的消费者认为游览与想象相符或超过了预期。1 万～3 万元之间 87.6%的消费者认为超过了预期期望。

表 4-2 景观布局与性别间交叉分析表

		性别		总计
		男	女	
很分散	个数	3	7	10
	占性别的比例	1.8%	4.5%	3.1%
较分散	个数	35	21	56
	占性别的比例	21.0%	13.4%	17.2%
一般	个数	60	52	113
	占性别的比例	35.9%	33.1%	34.7%
较紧凑	个数	55	72	128
	占性别的比例	32.9%	45.9%	39.3%
很紧凑	个数	14	5	19
	占性别的比例	8.4%	3.2%	5.8%
合计	个数	167	157	326
	占性别的比例	100.0%	100.0%	100.0%

2. 沟域景观感知

消费者对北京沟域景观的感知主要包括沟域景观的结构与其价格的感知。首先，沟域景观的结构包括景观的丰富性、景观的布局、特色景观。对于景观的丰富性，45.4%的消费者认为沟域景观较为丰富，7.1%的消费者认为沟域景观很丰富，31.3%的消费者认为景观丰富性一般，14.7%的消费者则感觉景观比较有限，1.5%的消费者感觉非常单一。

对于景观的布局如表4-2所示，39.3%的消费者感觉沟域景观布局较为紧凑，5.8%消费者认为景观布局很紧凑，34.7%的消费者则感觉景观布局一般，20.3%的消费者则认为景观布局较为分散（17.2%）或很分散（3.1%）。

对于沟域特色景观的印象，58.3%的消费者认为北京沟域特色景观印象较为深刻（45.7%）或很深刻（12.6%），认为特色景观一般的消费者为27.6%，只有14.1%的消费者认为特色景观印象不深刻（12.3%）或没有印象（1.8%）。

其次，对于沟域旅游产品的价格即相关项目收费的合理性，50.3%的消费者认为沟域相关项目收费较为合理（45.4%）或很合理（4.9%），38.0%的消费者认为收费情况一般，11.7%的消费者认为收费情况不合理（8.6%）或非常不合理（3.1%）。

3. 相关配套设施的感知

沟域配套设施的感知即消费者对配套服务设施、住宿、餐饮、经营商实力、相关人员的服务意识、市场宣传等的看法。

（1）对于配套服务设施，48.4%的消费者感觉较为齐全（42.3%）或很齐全（6.1%），35.0%的消费者认为一般，16.5%的消费者则认为配套服务设施不齐全（14.4%）或很不足（2.1%）。51.3%的男性消费者认为沟域产业配套设施一般或是不足，只有 46.7%的女性消费者感觉配套设施齐全，这意味北京沟域产业配套相对薄弱。

(2) 对于住宿方面，38.6%的消费者对住宿较为满意(31.8%) 或很满意 (6.8%)，44.8%的认为住宿条件一般，16.6%的消费者认为住宿条件较差 (14.3%) 或很差 (2.3%)。总体来说，消费者认为旅游地的住宿条件总体上偏差。

(3) 对于餐饮情况，55.8%的消费者较为满意 (45.7%) 或很满意 (10.1%)，36.8%的消费者感觉一般，7.3%的消费者感觉较差 (5.2%) 或很差 (2.1%)。吃住农家是沟域的一大特色之一，然而仅有 55.8%的消费者对餐饮较为满意，这说明农家乐不具备农家特色，消费者对满意度偏低。

(4) 对于经营商的实力，37.7%的消费者感觉沟域经营商的实力较强 (31.9%) 或很强 (5.8%)，49.4%的消费者认为一般，12.8%的消费者感觉经营商较弱 (11.3%) 或很弱 (1.5%)。62.3%的消费者对经营商实力不强，经营商经济实力薄弱，消费者对其较为失望。

(5) 对于相关人员的服务意识，36.6%的消费者认为相关人员的服务意识较强 (30.1%) 或很强 (5.5%)，50.9%的消费者则认为服务意识一般，13.5%的消费者认为其服务意识较差 (12.9%) 或很差 (0.6%)。对于经营商市场宣传方面，30.6% 的消费者认为经营商市场宣传较为丰富(24.5%) 或很丰富 (6.1%)，41.1%的消费者认为市场宣传一般，28.2%的消费者则感觉市场宣传较少 (26.7%) 或非常少 (1.5%)。

4. 基础设施感知

消费者对于沟域旅游相关项目基础设施的感知主要集中

于交通便利性与居住地的距离。

（1）对于沟域相关项目交通的便利性，56.1%的消费者较为满意（47.2%）或很满意（8.9%），30.4%的消费者认为交通状况一般，13.5%的消费者感觉交通状况不便利（12.3%）或特别不便利（1.2%）。

作为消费主体的中青年群体，25～34 岁 43.5%的消费者认为交通不便利，35～55 岁 43.8%的消费者认为其交通便利性一般，这说明目前北京某些沟域存在交通设施不完善的状况。

（2）对于与居住地的距离，49.4%的消费者感觉景观所在位置较近（39.0%）或很近（10.4%），27.9%消费者认为与居住距离一般，22.7%的消费者认为其位置较远（16.6%）或很远（6.1%）。超过 50%的消费者感觉北京沟域相关项目地理位置较为偏僻。

综上分析可知，消费者总体感觉沟域出游达到或超过了消费者预期期望，好于或与出游前想象相一致，对沟域景观产业总体比较满意，特别满意于形式丰富多样的特色景观。然而就其沟域硬件环境（基础设施、配套设施、经营商实力）而言，据“双因素”理论可知，虽然它们作为一些外部因素没有使消费者产生“不满意”，但完善后可以让消费者产生“满意”。这说明优化沟域硬件环境，可以提高消费者的满意度，为沟域经济的发展带来活力。

4.4　消费者需求的市场细分研究

针对消费者需求市场，本节从人口统计、消费者出游偏好及消费“产品”、消费者需求感知等多方面进行分析。为了更进一步挖掘消费者的市场需求，从消费者忠诚度的角度入手，通过建立二元 Logistic 回归模型进行分析，寻找影响消费者需求的显著因素，进而明确消费者需求的细分市场。

4.4.1 二元 Logistic 回归模型建立

1. 二元 Logistic 回归模型中变量定义

（1）**消费者的拟定影响因素分析**。综合消费者需要理论、马斯洛需求层次理论、顾客满意度“双因素”理论、边际效用理论、消费者购买行为之霍华德—谢思模式、消费者的品牌忠诚理论等研究，本研究认为，沟域经济主导产业消费者的忠诚度受到以下四类因素的影响：消费者人口生理因素、经济因素、旅游产品相关因素、消费者的心理因素。

消费者人口生理因素，即消费者人口统计特征。性别、年龄、文化程度、所从事行业背景不同的消费者，其风俗习惯、兴趣爱好有所不同，获取相关信息的途径与能力也有所不同，这些因素都直接影响消费者对沟域经济相关旅游项目的理解与判断，从而影响他们对沟域相关旅游项目的消费决策行为。

经济因素。消费者的收入水平决定着消费者的消费水平，还决定着消费者需求层次的高低。消费者收入水平越高，旅游消费产品的层次越高，更多的关注于健康营养或精神上高层次的需求。

旅游产品相关因素。旅游产品即消费的客体，主要有景观的丰富与紧凑性、配套设施的状况、旅游产品的价格、住宿、交通、与居住区距离等。

消费者的心理因素。消费者的心理因素是消费者对沟域经济旅游相关项目的感知（评价），其中主要有消费者对本次旅游的期望。

由消费者的需求理论可知，消费者忠诚度的测量指标有“重复购买率”“品牌替代率”“向他人推荐”等核心指标，据以上分析可知，北京沟域消费者的重复消费的频次较高（74.5%），多数愿意向别人推荐（76.4%）。因此，本研究以消费者的重复购买（“是否再来”）作为测量消费者忠诚度的指标，将其为研究对象，试图了解北京沟域经济相关项目消费者忠诚度的显著影响因素，当消费者决定“再来”时，其忠诚度上升，而消费者“不再来”时，其忠诚度下降。在二元 Logistic 回归模型中，将消费者“是否再来”作为因变量。

消费者忠诚度与消费者的人口生理因素、经济因素、旅游产品相关因素、消费者的心理因素有关，在本研究中，将消费者忠诚度的影响因素拟归纳如下：

消费者的人口生理因素：性别、年龄、婚姻、文化程度、所在行业。

旅游消费有关的经济因素：消费者的月收入水平。

消费者有关的心理因素：与游览之前想象的差距（消费者的满意度）。

消费旅游产品相关因素：景观丰富性、主要活动与景观布局、特色印象、相关景点吸引顾客数量、经营商的实力、主要配套服务设施、相关人员的服务意识、游览区餐饮评价、住宿评价、交通评价、与居住地距离、收费合理性、宣传信息、出游之前的了解程度。

本研究将消费者的性别、年龄、婚姻、文化程度、所在行业、月收入水平、与出游之前想象的差距、景观丰富性、主要活动与景观布局、特色景观印象、相关景点吸引顾客数量、经营商的实力、主要配套服务设施、相关人员的服务意识、游览区餐饮评价、住宿评价、交通评价、距离、收费合理、宣传信息、出游之前对其了解程度等21个变量定义为自变量。

（2）二元Logistic回归模型中变量的定义。

对模型中因变量定义：将消费者是否再来作为因变量，定义如下：

“不再来”=0，“再来”=1。

对模型中自变量定义如下：

性别：“男”=1、“女”=2。

年龄：“18岁以下”=1、“19～24岁”=2、“25～34岁”=3、“35～55岁”=4、“56岁以上”=5。

婚姻：“未婚”=1、“已婚”=2。

文化程度：“初中以下”=1、“高中”=2、“大专”=3、“本科”=4、“硕士以上”=5。

所在行业：“党政机关公务员”=1、“事业单位管理人员”=2、“事业单位一般工作人员”=3、“企业单位管理人员”=4、“企业单位一般工作人员”=5、“自由职业者”=6、“在校学生”=7、“离退休者”=8、“其他”=9。

月收入水平：“小于5 000元”=1、“5 001～9 999元”=2、“1万～3万元”=3、“3万～5万元”=4、“5万元以上”=5。

与出游之前想象的差距、景观丰富性、主要活动与景观布局、特色景观印象、相关景点吸引顾客数量、经营商的实力、主要配套服务设施、相关人员的服务意识、游览区餐饮评价、住宿评价、交通评价、与居住地距离、收费合理性、宣传信息丰富性、与出游之前了解等 15 个自变量严格按照李科特 5 级量表进行定义。

（3）二元 Logistic 回归模型的建立。 Logistic 回归是对定性变量的回归分析，其原理是根据变量取值的不同可以分为二元逻辑回归（binary logistic regression）和多元逻辑回归（multimomial logistic regression）两种。这种方法被广泛运用于分类变量的回归分析中，该方法把分类的因变量通过 Logit 转换成分类变量的概率比，从而成为连续的区间限制变量。

本研究利用实地调研获得的样本数据，分析影响消费者忠诚度的影响因素，采用统计学中的分类选择模型进行分析。在统计学回归模型中，当因变量只选取两个数值时，该模型为二元选择模型：假定每一个体面临二选其一的情况，而且其选择依赖于可以分辨的特征。若对这种选择用线性概率模型进行分析，其回归形式为：

$$Y_i = \alpha + \beta X_i + \varepsilon_i$$

其中，X_i 为第 i 个个体的取值，如年龄，月收入水平，受教育程度等。

利用该模型，对消费者忠诚度的影响因素进行分析：因变量为消费者是否重复购买，分为愿意再来（取值为 1），不再来（取值为零）。即 $Y_i = 1$，为第一种选择（愿意再来）；$Y_i = 0$，为第二种选择（不愿再来）。

对该模型进行估计时，由于因变量本身 Y 只取 0、1 两个离散值时，不适合直接作为回归模型中的因变量，不遵循统计学中所要求的标准正态分布，当采用普通最小二乘法或加权最小二乘法时，都违背统计的无偏性与一致性，从最小二乘法与加权最小二乘法估计所得的系数的标准差与 t 检验值都不符合统计学的假设检验。因此本研究采用 Logit 回归模型对消费者忠诚度进行回归分析。

逻辑概率分布函数的 Logit 模型，具体形式为：

$$P_i = F(Z_i) = F(\alpha + \beta X_i) = 1/(1 + e^{-Z_i}) \quad (4-1)$$

对于给定的 X_i，P_i 是个体做出某一选择的概率，即：P_i 为第 i 个体选择事件的概率，$(1-P_i)$ 第 i 个体不选择事件的概率。则：

$$e^{-Z_i} = P_i/(1 - P_i) \quad (4-2)$$

对（4-2）等式两边同时取自然对数，得：

$$Z_i = \ln\{P_i/(1 - P_i)\} = \alpha + \beta X_i \quad (4-3)$$

（4-3）式为 Logit 模型的基本形式，此模型的一个主要优点在于它不仅可以将在（0，1）两点上预测概率的问题转化为在实数轴上一个事件发生的概率之比的问题，还可以用来解决因变量只有两种情况可以选择且不连续的选择问题。

由（4-3）式得：

$$Y = \mathrm{Logit}(p) = \mathrm{In}[p/(1-p)] = b_0 + b_1X_1 + b_2X_2 + \cdots + b_kX_k \quad (4-4)$$

$$P = \exp Y/(1 + \exp Y) = \exp(b_0 + b_1X_1 + b_2X_2 + \cdots + b_kX_k)/[1 + \exp(b_0 + b_1X_1 + b_2X_2 + \cdots + b_kX_k)] \quad (4-5)$$

该方程因变量是当个体做某一选择时，事件发生与不发生的概率之比的对数，其中自变量 X_k 为影响消费者忠诚度的各种因素。

Logistic 回归模型可以用最大似然估计法对其参数进行估计。用于 Logistic 回归模型检验的统计量一般有沃尔德统计量（Wald），－2 对数似然值（－2LL），Cox 和 Snell 的卡方，Nagelkerke 的卡方及赫尔默检验。一般而言，Wald 值越大或 Sig 值（Wald 检验的系数为零的显著性概率）越小，显著性越高，也越重要。本研究将用此模型，分析消费者对沟域经济相关项目的忠诚度及其影响因素。

2. 二元 Logistic 回归结果

以“是否再来”作为因变量 Y，定义 Y＝1 为再来，Y＝0 为不再来；以性别、年龄、婚姻、文化程度、所在行业、月收入水平、与之前的想象差距、景观丰富性、主要活动与景观布局、特色印象、与相关景点吸引顾客数量、经营商的实力、主要配套服务设施、相关人员的服务意识、游览区餐饮评价、住宿评价、交通评价、与消费者居住地距离、收费合理性、经营商宣传信息、之前了解作为自变量，在 SPSS17.0 的运行环境下进行分析，进行二元 Logistic 回归模型，最终运行结果如表 4－3 所示。

变量进入方法为向后条件法，卡方检验结果为 247.861，自由度为 5，显著性概率为 0.05，最终模型的拟合优度检验：－2LL 为 96.323，Cox & Snell R^2 为 0.553，Nagelkerke R^2 为 0.822。由此可知，模型拟合优度较好；最终模型中 Sig 的值均小于 0.05，拒绝原假设，通过 T 检验，通过了 5％的显著性水平的检验。

则反映消费者忠诚度的二元 Logistic 回归模型如下：

$$Y=-19.961+1.967X_1+1.395X_2+0.979X_3+1.709X_4+0.858X_5 \quad (4-6)$$

$$P=\exp Y/(1+\exp Y)=\exp^{(-19.961+1.967X_1+1.395X_2+0.979X_3+1.709X_4+0.858X_5)}/[1+\exp^{(-19.961+1.967X_1+1.395X_2+0.979X_3+1.709X_4+0.858X_5)}] \quad (4-7)$$

在（4-6）式中，Y 表示因变量是否再来；其中，X_1 表示与想象之间差距，X_2 表示景观丰富性，X_3 表示对特色景观的印象，X_4 表示收费的合理性，X_5 表示消费者的月收入水平。

表 4-3　消费者忠诚度二元 Logistic 回归分析方程中的变量

	B	S. E.	Wald	df	Sig.	Exp (B)
与想象之间差距	2.295	0.630	13.282	1	0.000	9.922
景观的丰富性	1.754	0.655	7.178	1	0.007	5.776
景观布局	−0.741	0.561	1.744	1	0.187	0.477
特色景观印象	1.268	0.509	6.217	1	0.013	3.553
吸引游客量	−0.435	0.575	0.572	1	0.450	0.648
经营商实力	−1.004	0.681	2.175	1	0.140	0.367
配套服务设施	0.896	0.612	2.144	1	0.143	2.449
人员服务意识	0.812	0.579	1.965	1	0.161	2.252
餐饮评价	−0.554	0.578	0.917	1	0.338	0.575
住宿评价	1.013	0.508	3.980	1	0.046	2.754
交通评价	0.753	0.557	1.829	1	0.176	2.123
与居住地距离	−0.361	0.342	1.110	1	0.292	0.697
收费合理性	1.882	0.622	9.154	1	0.002	6.568
针对性宣传	0.070	0.473	0.022	1	0.883	1.072

（续）

	B	S. E.	Wald	df	Sig.	Exp (B)
行前知识了解	0.659	0.354	3.458	1	0.063	1.932
性别	1.227	0.745	2.711	1	0.100	3.412
年龄	0.085	0.696	0.015	1	0.903	1.089
婚否	0.300	1.064	0.079	1	0.778	1.349
文化	0.101	0.480	0.044	1	0.834	1.106
行业	0.016	0.225	0.005	1	0.945	1.016
月收入	1.010	0.494	4.173	1	0.041	2.746
常数	−29.912	5.677	27.757	1	0.000	0.000
与想象差距	1.976	0.457	18.661	1	0.000	7.210
景观丰富性	1.395	0.457	9.304	1	0.002	4.034
特色景观印象	0.979	0.339	8.319	1	0.004	2.661
收费合理性	1.709	0.491	12.096	1	0.001	5.521
月收入	0.858	0.339	6.400	1	0.011	2.358
常数	−19.961	2.971	45.145	1	0.000	0.000

即 X_1 表示与想象之间差距，X_2 表示景观丰富性，X_3 表示对特色景观的印象，X_4 表示收费的合理性，X_5 表示消费者的月收入水平。X_1～X_4 为影响消费者忠诚度的显著因素。

4.4.2　二元 Logistic 回归模型结果分析

在沟域经济的相关项目休闲旅游中，消费者是否能够再次光临，其忠诚度受到与出游想象的差距（满意度）、景观的丰富性、对特色景观的印象、收费的合理性、消费者的月收入水平五种因素的显著影响，其影响的显著程度从高到低依次为：与出游前想象的差距（满意度）、收费的合理性、景观的丰富性、对特色景观的印象、消费者的月收入水平。

通过式（4－7）算得，自变量 X_1、X_2、X_3、X_4、X_5 这五个因素对消费者忠诚度显著影响的重要程度从高到低依次为：与想象的差距、收费的合理性、景观的丰富性、对特色景观的印象、消费者的月收入水平。

首先，与出游之前想象的差距，是消费者的满意度，对消费者忠诚度具有正向的显著影响，影响程度最高。当满意度越大时，消费者决定再来的忠诚度越高，如前面自变量定义所示，当实际消费后的感知不如出游前想象得好，即满意度为负时，消费者不再重复购买沟域相关产品，消费者忠诚度降低；而当出游感知远好于想象时，消费者乐意再次光临，消费者忠诚度升至最高。这符合消费者期望理论。

其次，收费的合理性对消费者忠诚度的显著影响居于第二位，对消费者忠诚度具有正向的显著影响。当消费者认为沟域“产品”收费很合理时，消费者的忠诚度上升，当消费者认为沟域“产品”收费非常不合理时，消费者忠诚度降低。这是涉及到沟域产品价格的因素，当沟域项目的价格过高时，则收费不合理，消费者忠诚度下降。否则，消费者忠诚度上升。

第三，景观的丰富性对消费者忠诚度的显著影响位于第三位，对消费者忠诚度具有正向的显著影响。景观的丰富性涉及沟域相关项目的产品形式丰富性。当沟域的游乐活动或景观很丰富时，消费者的忠诚度上升；当沟域的游乐活动或景观很单一时，消费者的忠诚度下降。这是沟域“产品”形式多样化程度的因素。

第四，对特色景观的印象是对消费者忠诚度显著影响的第四个因素，它对消费者具有正向的影响。特色景观是沟域产品的本身，是消费的客体。当沟域景观特色突出时，消费者对其印象会非常深刻，消费者非常乐意再次光临，其忠诚度上升；当沟域景观不具特色或特色缺失时，消费者印象不深，导致其忠诚度下降。

最后，消费者的月收入水平是对消费者忠诚度具有显著影响的第五个因素，对消费者忠诚度具有正向显著影响。消费者收入是消费者消费的经济因素，当消费者的实际收入增加时，其可支配收入增加，将重复购买沟域产品，决定再来，则消费者忠诚度上升。在通胀的情况下，当消费者的收入相对上升幅度较小时，消费者将减少沟域产品的购买，其忠诚度降低。

4.5　主要调研结论

4.5.1　北京沟域经济呈现多样化发展趋势

通过实地调研分析，并综合以上研究结论，结合消费者出游主要偏好可知，北京山区沟域主导业态的发展呈现多样化需求特点：消费者偏好于养生娱乐、回归自然与身心健康等沟域项目，消费者消费的沟域“产品”主要是农业休闲体验的采摘、垂钓、观赏田园风光、农家吃住、享受自然风光、游拜远郊庙宇、探寻历史文化遗迹等涵盖自然、历史、人文等多种多样的消费项目。其中消费者最感兴趣的由高到低依次是采摘、农家吃住、享受自然风光、观赏田园风光；而农家吃住、享受自然风光、观赏田园风光最为消费者所满意。同时，消费者最想尝试的消费“产品”主要有采摘、体验民俗表演、非开放区猎奇、探寻历史遗迹、垂钓、骑马、动植物饲养等休闲项目。以此，北京沟域经济应呈现多样化的发展以满足都市居民不同的需求。

4.5.2 北京沟域经济发展具有多样化的需求拉力

通过实地调研分析得知，北京沟域经济发展中，与不同模式链接的多样化供给，具有不同程度需求拉力。遵循经济学供求定律原理，北京沟域经济要坚持市场导向的原则，从消费者需求出发，围绕高学历、中高收入的中青年消费群体，大力拓展沟域的休闲旅游观光及生产功能，充分挖掘沟域的生活、生产及社会人文功能，延伸沟域的整个产业链条，加强关联产业的发展，加大对消费者最感兴趣及最为满意的沟域经济主导产业支持力度，探索消费者最想尝试的沟域经济休闲项目。

4.5.3 北京山区沟域主导产业发展中存在的问题

目前，北京沟域经济总体发展态势良好，市场消费者总体忠诚度较高。然而，北京沟域经济作为一种新兴发展模式，其主导产业发展过程中还存在诸多问题，致使部分消费者忠诚度降低，制约了沟域经济的发展。

1. 北京沟域主导产业规模化基础较弱，硬件设施与消费者的想象存在一定差距，有待完善

北京沟域产业硬件设施与消费者的想象存在差距时，导致消费者对此产生“不满意”的结果，当相关设施条件满足消费者的期望甚至超过消费者的期望时，消费者将感到非常满意。经过分析将沟域产业硬件设施的缺失归结为两个方面：①公共基础设施落后。这是宏观方面导致消费者满意度较低的原因。由于北京沟域地理位置的原因，其位置较偏僻，交通不便，与消费者居住地距离较远，"景好也怕路程远"的尴尬现象出现，导致消费者满意度下降，致使消费者忠诚度也降低。②经营商实力不强，相关人员服务意识薄弱，配套设施较差。这是与消费者出游行为紧密相关的微观方面的原因。当经营商实力弱，其配套设施较差，而服务意识又较为薄弱时，消费者满意度往往会下降，导致消费者忠诚度降低。

2. 北京沟域市场存在收费不合理的现象，其市场管理机制有待优化

北京沟域市场存在收费不合理的现象，其市场管理机制不完善，导致消费者忠诚度降低。首先，农民作为沟域产品等相关项目的经营主体，缺乏统一的筹划，各自为战，沟域产品消费市场比较混乱。同时，由于个别经营者短期趋利化现象严重，其产品价格往往是据时而定，据己而定，致使个别"惟利是图"的现象发生，导致消费者忠诚度降低。其次，沟域经济作为一种新兴山区发展模式，无现成规章可循，特别是收费机制的完全确立需要一个长期探索的过程。最后，北京沟域项目地域分布广、地理位置偏僻，为市场监管带来困难。

3. 北京沟域主导产业多样化程度不足，某些沟域景观（活动或项目）的内容缺乏特色、形式比较单一，有待不断完善

首先，个别景观丰富性程度不够，景观形式较为单一，同质化严重，沟域关联产业发展落后，不能满足消费市场多样化的需求，致使消费者兴趣缺失，忠诚度较低。

其次，地域性特色景观不足，地域“龙头景观”缺乏，具有核心竞争力的特色景观（产品或活动）缺失，往往致使消费者高兴而来，失意而归，导致其忠诚度降低。

综上可知，围绕中青年消费群体的市场需求，促进北京沟域经济主导产业发展，加大沟域经济养生娱乐、回归自然与身心健康等沟域项目及相关休闲体验产品的建设，必然要形成北京沟域经济的产业集群，丰富其产品内容，加强主导产业规模化和多样化经营的融合。

第五章　北京沟域经济多样化发展与适宜规模选择对策探讨

5.1　多样化发展的对策选择

5.1.1　多样化发展的总体策略

1. 发挥农业的多功能性

农业产业的多功能特征所涵盖的核心内容，重点体现以下几个层面：

（1）经济功能。体现在可以为社会生活甚至是经济建设领域输送一系列的农产品上，这种功能主要是由这些农产品的价值意义所体现的，这也是农业产业的基础性功能。这种功能的核心价值是可以充分满足人类生存以及社会创新发展对食品物质的倾向性需求，同时还包含了充分依托农业产业提供的服务所实现的难以估量的经济价值，这种价值对于国民经济的健康发展起着基础化的强力支撑。而且这些经济功能还鲜明地体现在为实现国民经济和人们的物质文化生活协调发展的整体作用上。著名经济研究家库兹涅茨通过深入的研究探索证实，农业产业对于国民经济的可持续创新发展做出了产品输送、满足市场需求、市场要素以及外汇交易四个层面的巨大贡献。

(2) **社会功能。**体现在可以促进社会化的劳动就业、机制保障以及促进整个社会发展上。农业产业不但集约了规模化的劳动力就业，而且所输送的一系列农副产品在质量层次、数量及其安全保障性上都和城乡居民的生命健康存在着千丝万缕的关联，正因为农业具有显著的社会化功能，所以如果不加以足够的重视，就可能对经济和社会的健康发展形成负面影响。

(3) **政治功能。**体现在可以保持社会和政治的和谐稳定。无论从哪个角度来讲，农业产业都是保证国家和人民生活安定和谐的核心根基。尤其是这一产业的发展状况可以对社会和生活秩序的状况构成最为直接的影响。而且农业产业的运作模式以及机构往往也对社会组织的运作机制构成决定性的影响。因此，该产业能不能得到健康持续的创新发展，将直接关联到我国绝大多数人的切身利益，而且可以在很大的程度上对这些人群的倾向性政治选择形成客观影响。同时，一系列的农副产品还是国家和政府非常重要的战略性储备物资。所以农业产业在政治层面的重要作用是不可替代的。

(4) **生态功能。**体现在可以对生态自然环境进行有力的支撑和有效修补作用上。农业产业的一系列要素本身就是组建生态自然环境的核心因子，而且整个产业对生态环境具有核心的作用和影响，不仅能够很好的维护修复，更可以带来长期化的损害甚至是毁灭性损害。所以，这一产业的生态功能对于国家经济的可持续创新发展、维护和改善人类的生存生活环境、有效保证生物群种的多样化存在以及预防自然灾害，甚至是为第二、三产业的健康发展等，均具有举足轻重的战略地位。

（5）**文化功能。**体现在能够为文化的传统美感和多样性提供一种传承保护作用上。整个产业作为一个最为古老的产业领域，蕴含丰富的文化资源。同时，这一产业在社会教育、审美情趣、文化传承等层面，都可以对人们的核心价值观念形成一种正能量的积极影响，有利于促进人和人之间、人和自然之间的融洽相处。从整体上来看，农业产业承担了传统文化的重要载体作用。

农业产业的多功能之间，不仅互相作用、互相依赖、联袂促进，而且互相制约和影响。从经济功能方面来讲，其功能作用能否显著，往往可以对整个产业的总体功能构成影响，而且可以直接或者间接的影响其他功能的最大化发挥。从具体的生态功能来讲，其功能程度的高低，都可以对其他功能的发挥构成影响，甚至还会影响农业总功能的体现。其他功能也具有这样的特点。

农业产业类型呈现出多样性和复杂化的鲜明特征。为有效适应北京地区的市场需求的客观变化，促进产业培育向高端化和前沿化创新发展，沟域经济所涉及的产业种类，不仅包含了农林种植、畜牧养殖、干果加工等产业，还包含了加工酿制、旅游休闲、文化艺术等内容，而且还涉及到了农副产品的物流运输业以及库存管理等产业领域。

沟域经济主导模式上也呈现出多元化的态势。重点依托沟域内的生态自然风景以及历史文化遗迹等旅游资源，有效地衔接当地的文化艺术、民俗习惯等人文资源优势，从而促进名胜景点和民俗资源的良性联袂互动，使消费者群体可以在休闲观光的同时，充分感受沟域个性鲜明的民俗文化，形成新颖丰富并具有时代内涵的现代旅游产业，同时辐射带动临近产业的创新发展。房山区的石花洞沟域以及平谷区的黄松峪沟域，可以看作是这方面的典型实例。

让传统意义上的农业产业实现创新发展，并有机地注入现代积极元素，是实现沟域经济创新发展的核心基础。因此，在固化农业产业功能的基础上，通过有序、有效的调整产业结构，增加科技性的投入量等机制模式，全面促进农业产业发展方式的提升和转变，大力拓展农业产业在一系列生态、文化以及服务等层面所体现的功能作用。从这些意义上来看，充分展示和发挥山区农业产业的多功能特点，对于整个沟域经济的良性发展具有重要意义。

首先，需深化对农业生产结构以及运作布局的合理调整，把产业的景观效益提升作为战略目标。实施过程中可以合理调整农业产业结构，并应用连片集中开发的模式，促使粮食和果蔬、药材、食用菌等经济作物以及山区畜牧养殖等产业由过去的粗放型、传统型运作，逐渐向科技化和集约化的精细化方向发展，依托区域资源，精心打造花卉、果蔬、观赏林木等富有特色的产业带。比如怀柔区天河川沟域的一些村庄就实施了集约化的葡萄种植，这一产业优势还辐射带动了周边地区的葡萄产业，不仅为工业化酿制以及市民生活输送了大量鲜果资源，还成为观光看景的好去处。

其次，要不断加大科技投入，提升产业的市场竞争能力。依托建设科技创新型当代农业产业的总体要求，各沟域尤其是所在区域的地方政府，应该不断加大对种、养、加以及观光园艺等科技创新方面的投入量，对农业的全面创新以及提升科技内涵，实施方向性的固本疏源，增强创新发展的后劲，并全力助推基础设施和园区建设双线加速，打造多处富有特点的观光采摘、特种养殖、花卉景观以及设施农园等产业亮点，实施园、区、带、圈联袂推进，促进农业产业链的辐射延伸，使农业产业由传统意义的运作结构逐渐向科技化、绿色化、特色化以及礼品化等方向全面转变。

再次，高度重视山区经济的产业融合，促进规模效益的最大化实现。在对山区功能实施准确定位的基础上，既要遵循有力保护生态资源和维持人文风貌特征的原则，又要发挥出农业在促进社会和谐稳定方面的功能作用。因此，立足实际寻求产业融合的发展模式至关重要。有机融合可以有效促进产业创新创造能力的提升。以促进产业价值功能作用的提升，对于产业的结构转换和升级改良富有重要的现实意义。应用专业化的分工对价值链条上各个环节进行充实完善，保证各个产业的利益获得有效提升。所以，产业融合可以有效增进区域优势产业的不断发展壮大，进而促进农业产业的核心竞争能力得到全面提升。

沟域开发建设的一系列成功实例再次证实，沟域经济在创新发展的过程中必须高度重视一、二、三产业的联袂促进和互相融合。应用对不同产业类型的融合，使整个产业链得到快速的辐射延伸，从而带动产业效益尤其是农民经济收入以及就业量的合理增长。而且整个产业融合过程，要充分依托区域内自然资源、人文历史以及文化样式等，积极开发当代创意文化产品，促进农业产品向类型化、时尚化、内涵化发展，呈现出新颖丰富的乡土和民族特色，满足消费者追求新、异、特等倾向性需求。

2. 突出区域特色，进行差异化发展

沟域在创新开发主导产业的过程中，应遵循特色突出、打造区域精品和塑造形象品牌的思维方向，精心培育拥有核心竞争力的产业。不同位置的沟域应充分依托自身的资源优势实施差异化的推进，这种方式可体现为各个沟域之间、产业与产业之间具体发展方式的差异。这样做的主旨是为促进沟域的错位竞争以及服务能力的提升。

例如，浅山沟域拥有优越的区位以及交通条件，方便和外界沟通联络，与深山区相比可以承担较多的城市功能。因此，应把发展重点放在服务型产业上。而深山沟域由于受到一系列的基础条件的限制，至少在当前应把发展重点放在生态型的产业发展上。只有这样，才能展示出自身的优势。例如延庆的百里山水画廊、房山区的周口店红螺谷、门头沟的生态观光休闲走廊集群等沟域，都可以立足自身的实际，大力发挥自身的区位优势，将多种产品资源进行整合与衔接，进而构建出立体化的沟域经济发展方式。

3. 融入文化元素，挖掘多种特色的文化底蕴

在推进沟域经济的创新发展过程中，不仅要对区域基础性的硬件设施进行全方位的建设完善，还应该高度重视传统文化底蕴的挖掘和应用，以便促进区域软实力的提升。从当前来看，休闲旅游正逐渐成为区域产业体系中一个亮点。在这种情况下，应该本着一地一特色的基本原则，应用对民俗化旅游餐饮业以及文化艺术特色的培育，打造形象品牌，最大化展示出自己的风貌，有效促进沟域产业吸引力提升以及文化形象的树立。同时通过完善各种产业与文化资源的有机

整合及文化元素的融入机制，促进系统化的开发建设，使以休闲观光旅游产业为主的运作链条得到全面创新发展。在这个层面中，怀柔天河川投资研发的天河鱼宴、平谷十八弯精心构建的水上新村文化旅游等项目，都可以说是比较成功的实例。

在推进沟域经济建设上水平、上层次的过程中，应该不断促进一系列自然生态景观与人文景观的高度融合，进而促进沟域文化旅游模式具备文化新意和时代内涵。而在人文特色的打造上，重点是将区域秀美的自然生态景观与传统的人文景观、文化蕴含以及民俗习惯等进行高度融合。

从目前来看，京郊山区的沟域经济在经营结构上重点还是由瓜蔬采摘、简单观光旅游等低级模式所组成，缺少时代元素和时尚理念。在未来应积极研发具有核心竞争能力的主导产品，对具有村落故居特点的文化内涵实施方向性的外延，将区域自然资源与一系列的人文资源进行有机融合，张扬优势。还可以通过举办各种民俗活动，向消费者充分输送个性鲜明的礼仪化、游艺化和竞技化的文化服务，将现代消费理念充分融进民风民俗以及田园风光之中，通过人性化的感情交流与体验，促进亲和力和凝聚力的提升。

5.1.2　政府宏观层面的对策建议

1. 多种渠道筹集资金，加强基础设施建设

从目前的运作来看，在京郊山区民俗民风旅游村的建设上，投资主体基本上由农民组成。由于受经济条件的局限，总体上投资力度不足，防控市场性风险的能力不足。如民俗项目主要是依托农民家庭，即经营者将自家的庭院作为

民俗居所实施简单布置装饰，基本上保持了单一简陋的风貌水平，相关的服务也只能是一些风味小吃等低档位的方式。

当然，与大景区的饭店以及住宿环境相比，相关的民俗旅游活动价位低廉，但是若硬件设施水平低下，会影响接待能力的提升，难以形成较高的竞争能力。针对这些现状，当地政府甚至是民俗村，须加大招商和引资力度，以土地流转的综合改革为着眼点，调动全社会的力量实施这项工程，在有效维护农民合法权益的前体下，鼓励一系列的产业投资主体积极对民俗民风村居的提升改造进行倾向性投入，强化基础设施建设，促进接待和服务能力的提升。

由于受到区域自然条件的局限，目前沟域环境相对来说比较封闭，而且在交通以及水源供应等层面上都亟待提升。因此，要想促进沟域经济的全面创新发展，就必须高度重视基础设施的规范化建设。从当前来看，要不断加快主要通道的硬化、饮水输送以及垃圾废水的科技处理力度，发展环保节能的太阳能以及秸秆气化等节约型能源。同时要积极对乡村环境实施整治改良，促进民俗村居的美化，还要对重点民俗区域的个体单元实施整修，促进环境整洁。

在此基础上，要大力发挥政府机构财政资金的扶持作用，整合各方面的资金资源，大幅度提升资金资源的利用效率，倾力打造发展前景好、辐射能力强的沟域产业。再就是大力发挥政策支持作用。比如实施税费减免、补贴提供以及设立专项基金等模式，充分整合资源优势，利用各种形式广泛吸引社会资本的融入，特别是具有强力辐射带动作用的产业项目。还要注意吸引社会性投资群体的参与，加快升级改造步伐。

再就是对农村地区的金融市场逐步放开，降低民间资本的市场化接入条件。比如允许农民用房屋、土地等有形财产资源实施抵押性信贷，实现沟域开发的融资目标。

最后，在沟域经济政策机制的大框架之下，不断对扶持政策机制进行发展创新，组建有针对性的基础设施建设扶持、生态资源保护补偿以及农业产业经济推进等层面的新型政策机制。

2. 进行培训，提高农民综合素质

不可否认，当前农村人力资源的素质能力偏低。在沟域创新发展的过程中，人口总量、科研以及专业技术人员等人力资源现状，都会对整体的运作结构形成实质化的影响。本项研究通过对京郊沟域农民的科技素质实施综合性评估后证实，沟域开发受人口文化程度普遍不高、高端科技人才严重短缺以及产业科技含量太低等客观因素的严重影响。目前农业生产的运作技术偏低，种植业效益不高以及高科技品牌项目较少。农民的发展理念陈旧保守，适应性以及竞争能力不强等问题非常突出，而且大量的农村人力资源正向非农产业领域快速转移。因此，从当前来看，提高农民的综合素质显得迫在眉睫。

3. 鼓励创新，支持理论研究与科技攻关

为促进沟域经济开发效益的提升，相关理论研究以及运行模式的探索一定要跟上，产业界以及相关领域的学者要紧紧围绕沟域经济创新发展理论，对沟域内的休闲产业集群、循环性农业、林果产业技术以及新科技等实践，开展具有

实证意义的研究攻关，对开发过程中所存在的理论模糊、支撑体系缺乏等突出问题进行全面梳理，有针对性地提出对策建议。沟域建设者和规划设计者也要注意学习考察，不断健全完善沟域发展理论，丰富发展内涵，准确把握发展规律和科学实质，以便有效指导沟域经济开发建设。同时要注意归纳和宣传建设典型的成功经验，对一些瓶颈问题向社会问策求计，使整个开发过程少走或者不走弯路。

5.1.3 经营者微观层面的对策建议

1. 更新经营理念，提高经营水平

从当前来看，京郊沟域的分散经营者基本是当地的农民，由于受到教育层次的客观局限，所以在经营能力以及接待层次上很难实现大的突破。因此，对这些经营者实施高端化的培训至关重要，培训的内容可以涵盖餐饮服务、礼仪语言、常用外语应用、安全管理等等层面，通过高端化的培训提升经营者的素质能力。经营人员也要努力学习相关的产业知识，树立新的思维理念，不断提升自己的经营水平，以适应产业发展的整体需要。

2. 避免重复建设，进行特色营销

由于整个京郊山区在综合的地理条件上大致相似，因此，一些自然资源具有同质化特征，这样就可能导致产业定位以及运行结构也出现同质化。例如，大部分沟域都设有果蔬采摘、垂钓、观光旅游、农家餐饮等服务项目。同质化肯定客观存在。这种状况必将对产业竞争和防控市场风险的能力产生一定程度的影响。而且同质特征的存在本身就说明对此类资源的深度挖掘和利用还做得不够，缺少创意特色和文化内涵。

因此，在规划设计中一定要重点突出特色建设，运用品牌发展战略。这就必须合理开发传统文化资源，提升产品以及服务的文化内涵，尽快形成特色化的品牌优势，赢得广泛的知名度，并将品牌优势有机地向经济效益转化。

在沟域经济开发提升的过程中，政府机构以及经营者都要注重产业融合，充分利用当地丰富的传统文化、民俗民风以及现代旅游资源，应用文化创意逐渐注入当代城市时尚元素，通过全面包装创新，进一步提升品牌魅力。甚至还可以采用特色化的旅游节庆、举办特色产品交易会、民俗民风展示等模式，促进产业内涵和凝聚能力的双向提升。

5.2　适宜规模选择的对策探讨

5.2.1　统一规划，避免无组织乱建设乱开发

沟域内的山地资源形态各异，不可能完全独立。比如，自然水域、林木、野生类动物以及矿藏等差异。这些资源一般都具有开放性以及公共性的特点。假若在开发中不进行科学合理的引导，会形成对临近资源的恶性抢夺或者竞争，从而损害自然的生态平衡。所以科学合理的实施规划设计，是促进沟域经济可持续创新发展的关键环节。

客观地说，整个开发过程具有双刃剑的特点，也就是说容易对自然生态形成正负两个层面的影响。因此，坚持规划先行的原则是必要的，这也是沟域经济开发建设的方向，符合长期创新发展的要求。

在编制沟域经济发展规划的过程中，本研究建议侧重以

下几个层面：一是重视规划设计人员的能力培训。要组织参与规划设计和建设的人员，学习和探索这种经济类型的内涵运作方式，并归纳和借鉴国内外先进的发展理念，以便更好地制定设计规划。二是尊重区域实际，了解农民的需求。整个规划设计和建设应紧密结合沟域实际，这就要对各种人文和自然资源、区域自然生态承担能力以及未来创新发展的潜力等因素进行通盘了解和调研。另外还要深入了解当地农民的需求，从而促进规划建设和当地实际以及农民的需求有机衔接。三是严格评估评审，把住各个关口。地方政府机构应该制定实具有指导性的政策机制，对京郊沟域经济的创新发展进行正确引导，不断完善编制模式以及全球化的招标引资，强化评估评审机制的覆盖，以保证发展过程不出失误。

5.2.2 统筹安排，保证沟域经济开发的整体性和系统性

第一，实施分类推进。针对区域行政区划设置的特征，有针对性地组建统一协调的沟域管理运筹组织，以便对各个层面的关系进行协调疏通，促进不同区域的有序发展。从地形来看，沟域呈现出带状分布的明显特征，而且即使是同一沟域内的不同区域，在自然、人文甚至是社会资源方面也存在差异。所以，必须针对资源禀赋，构建具有未来创新发展潜力的发展计划，实施分类推进和优势互补的运行机制。

第二，实施系统化的全面发展。沟域作为一个客观复杂的经济体系，其创新发展的过程不仅涵盖对自然和人文资源的挖掘和应用，还涵盖了对一系列劳动力资源的挖掘和应用。因此必须统筹安排、联袂推进，以确保沟域经济开发的

系统化和整体性。与此同时，要对区域经济运作形式实施升级以及改良。特别是针对当前民俗村居基础设施单一简陋、产品缺乏个性特征以及文化内涵不够突出等问题，应树立新的思维，大胆引入外部资金资源，在加大对基础性设施改造力度的同时，实施前瞻意义的规划包装，融进当代文化元素，以满足消费者群体的个性化需求。

第三，注重景观内容的规划设计。民俗村居建筑在整体上缺少统一系统的规划设计，所以在建筑风格上简单重复，落点布局粗放而缺少美感，乡风古韵和当代城市时尚难以实现有效的融入，而且有环境脏乱差的现象存在。只有解决了这些问题，沟域经济的发展效益才能实现最大化。所以，应对民俗村居实施整体性的设计包装，高度重视景观内容的规划设计，整治区域环境卫生状况，提升美化亮化层次，适应消费者群体的美感需求。

第四，对沟域内的各种资源进行整合。沟域经济在创新的过程，核心是重点依托自身的资源优势。所以，在不断强化景区景点环境以及基础性设施升级改良的基础上，必须把新型民居规划建设和培育新型主导产业有机衔接，对一系列的自然、人文历史、文化和民俗资源进行整合，建设适合消费者需求的新型民俗村居和旅游接待机构，从而全面促进旅游接待能力以及服务档次的提升。

5.2.3 发挥规模优势，提高沟域经济主导产业的集聚度

从当前来看，京郊地区的沟域经济得到了初步的创新发展，但是从整体上来讲，产业项目的投入规模较小，开发的

部分相关项目档次不高，特别是一些休闲娱乐项目普遍停留在餐饮和住宿为主的低层次水平上，文化内涵严重不足，难以形成具有较强竞争能力的品牌优势。而且民俗村居往往分散经营，防控市场风险的能力较低。

与此同时，山区的经济社会等现状也对沟域经济的创新发展形成了一定程度的制约，包括社会化的教育比较落后，高端专业人才缺乏且分流非常严重，科学技术严重滞后，人力资源的素质能力相对不高，客观存在小农意识，缺乏发展市场经济的思维理念；产品单一陈旧缺少文化内涵；交通信息相对不畅；持续发展的能力不足等。因此，要想促进沟域经济的全面创新发展，就必须构建多种形式的助推机制，使之尽快形成规模优势。这就要求必须在科学合理的规划设计的基础上，对域内一系列的历史、人文、旅游、产品以及文化资源实施全面整合，形成富有地方特色的新颖丰富产品系列，打造出具有较强市场竞争能力的主导品牌，大力提升沟域的品牌形象和国际影响力，促进经济效益的最大化实现。另外在开发过程中应尽力避免产业雷同化以及重复性开发，以防止出现同业化竞争以及整体防控市场风险的能力不足等问题。

5.2.4 合理开发，适度规模，使沟域经济得到可持续发展

第一，京郊山区的沟域土地资源不但总量不大，而且非常零散。不宜于大规模的开发，而且重点是一些生态和肥水都不是很好的山坡旱地，面积小，具有高分散性。所以这些土地对高科技的融入能力不强，现代农业机械难以派上用场，这也是导致耕种效益持续偏低的主要原因。所以该区域

内的山地资源应该坚持适度化规模发展的方向。

京郊沟域是北京地区属于水资源重度缺乏的地区之一，人均水资源拥有量不足 200 立方米，是我国年人均水资源拥有量的 1/10，是世界年人均水资源拥有量的 1/40。而且整个区域持续干旱，水位呈逐渐下降态势。在水资源相对丰富的部分区域，有饮用水源专门保护区，禁止垂钓、水产品养殖等业务；还有一些地方属于生态涵养区域，养殖业全面受到限制。

第二，沟域境内普遍土壤贫瘠、自然灾害发生频率较高，生态环境特别脆弱。由于传统模式的发展方式被广泛应用，使区域居民依赖的植被资源单薄。从目前来看，这些区域的水土流失面积大约要占到山区总面积的 30%以上，这种状况显然严重制约了当地的经济发展以及群众生活水平的提升。一旦对山区水资源进行规模化的开发利用，很可能导致水源枯竭等严重后果。所以，为维护区域居民的生活秩序以及整个首都地区的生态环境稳定，必须对京郊沟域地带实施有限度的适度开发。

也正因如此，在实施沟域创新开发的过程中，必须立足生态资源、经济和社会等层面的实际，对其实施生态环境客观修复以及资源承载能力的考察分析，之后充分依托区域的经济发展层次以及环境负载能力等基本情况，对山区实施适度性的开发，保证区域经济得到可持续的创新发展。

5.3　总结

综上所述，京郊山地区域在创新发展沟域经济的过程中，要沿着规模化、集约化可持续发展的方向努力推进。在保证一系列的生态环境得到有效维护的同时，充分依托区域实际，以及地缘优势，积极挖掘和弘扬本区域的资源优势，结合人文形象以及生态旅游资源的延伸，加快产业优势集聚的速度，促进第一、第二以及第三产业的深度化融合，促进集群协作以及战略化关联的效应增强。将差异化的布局建设与产业融合实施无缝衔接结合，努力实现沟域产业经济的创新发展。

第六章　国内外山区/沟域经济发展的典型案例分析

6.1　国外山区经济多样化或规模化发展的实践

本节以日本山区为实例，分析和归纳日本山区农业产业创新发展过程中的多样性以及规模化经营运作的成功经验。

6.1.1　依靠政策支持，松江市农户进行规模化经营[①]

在日本地区的经济总区划体系中，中山间地域的概念定位曾经一度引起学术界的关注。其实对中山间区域的定位是从日本在20世纪80年代后期制定实施的农业白皮书中的界定发展而来，当时的定位对中山间的界定是平原地区的周边区域到山岭间的那些虽然平坦但是耕地分散的区域。依托中

① 资料来源：①陈戎杰．日本农业经营模式的新尝试及其启示——日本岛根县农业集约化经营调查手记［J］．南方农村，2009（1）：72－74.②日本山区农业经济发展对我国的启示——日本岛根县农村问题考察［J］．中国软科学，2003（8）：106－109.

山间区域的概念，全日本大约有70%以上的国土可以归属这类范畴。

岛根县是处在日本西部的农业大县，绝大多数土地都属于中山间区域的类型。该县总面积为6 700多平方千米，境内重点是山地区域，山林地大约要占到近80%以上，而可耕地面积在总面积中占比不足6%，其中水田类型的可耕地大约要占到总可耕地面积的70%以上。水稻是种植量最大的农作物，在农产品总产量中占比可达40%以上。另外的主要产业有商品牛养殖、牛奶加工业以及葡萄种植、果品蔬菜培植等，这些产业类型都是可以充分利用当地自然资源以及生态环境的绿色产业。此外，还有一些规模量一般的水产养殖产业以及近海捕捞产业。

在行政划分上，松江是岛根县的政府机构所在地，人口非常密集。该市区划总面积为530多平方千米，其中山林占到总区划面积的50%以上，而纯耕地占比在10%左右。

工业化的高速推进使日本农村地区的劳动力大幅度向城市地区转移，导致了城市地区人口非常密集而农村地区劳动力严重缺乏的鲜明格局。所以在整体上，松江呈现出非常显著的农村地区人力资源不足，很多耕地被闲置或者撂荒，农业产业的在业人口逐渐趋向老龄化。早在2005年时，相关的机构就实施了一项权威性的数据普查，数据显示，整个地区农业产业劳动力群体的平均年龄高达67岁，其中20岁到49岁的青壮劳动力不足7%，70岁以上的老年农民达到53%以上。再就是纯农业土地的撂荒率惊人，到2004年年底达到24.9%。

此外，松江地区农业产业结构也在客观上存在着农民家庭种植规模小和兼职性个体农户占比过高等发展问题。

对此，区域内农协组织以及非营利的组织NPO机构等，纷纷采取对策以对农民实施全方位的倾斜扶持，期望应用密集化、高端化的政策扶持机制来助推农业产业向集约化和规模化方向发展，提升产业经营效益。这些扶持机制涵盖了以下几个层面：

（1）对零散型的产业农户实施集落营农模式的机制协助。所谓的集落营农模式，涵盖了同一个生活区域的产业农户为提升经营效益和有效解决劳动力结构老龄化所带来的一系列问题，而实施集约方式的生产耕作，统一购置生产资料，自行调配人力资源，协调使用农业机械，是一种从生产结构到农产品营销甚至是信息数据共享的集中化经营方式。运用这种模式来全力助推当地农业产业整体效益和运作规模提升。近年来该地区在此类运作模式上，呈现出逐年增多的态势。

（2）对有机农业和具有高附加价值特点的农产品给予定向扶持。比如应用当地水田周边土壤、水质环境以及应用和蚬子壳粉末作有机肥料而培育的知名品牌蚬米就名声远播，还有在全球享有较高声誉的根岛牡丹以及云州人参等，就是这种扶持政策机制的果实。

（3）对非农公司和个人投入农业产业进行政策性激励。通过农业法人等组织机构来引领带动零散农户升级生产方式，将具有单纯意义的农业产业向市场化和经营化双向转变。在这里有必要简要介绍一下农业法人这个概念。这在日本指的是在人力资源不够丰富的区域，除了自有化土地资源之外，可以征得其他土地拥有者同意而获得其委托的管理，承担所对应义务，并实施集约化经营的农业产业法人。

K 农园坐落在松江郊区东南侧一处相对平坦的土地上，周边的土壤属是黏性类型，含有氮、硅酸以及碱等元素，在养分状态上比较稳定。这个农园具有 30 多公顷的水稻田以及总面积不到 1 公顷的大棚菜种植区。主要员工除了都已经 60 多 岁的主人 K 先生夫妇外，还有四名固定的员工，同时还会根据季节特点和农产品收获情况随时到附近招聘临时性的员工。

K 先生介绍说，该农园的土地有很大部分是靠租赁，年租金每 0.67 公顷 1 万～2 万日元。所种植的农作物均严格按照日本农林机构所规制的有机农产品的标准进行管理。一系列的农产品除大米品牌之外，大棚区种植的蔬菜重点是依托消费者和市场需求来种植，而且一般要进行反季节种植，如冬季种植黄瓜、甜瓜类，春季则种植西红柿、甜椒等。这个农园在规模上属于集约化的经营管理，这种管理运作方式体现出以下几个层面的优势特征：

第一，集约化的经营管理，有效促进了生产经营运作总体实力以及市场化议价能力的提升。集约化的经营管理模式让农产品的具体生产者变成了经营管理者，由原有的家庭式结构作业方式转变成了以薪酬给付为核心的结构作业模式，这也是 K 农园在生产经营、结构布局、资金信贷以及品牌形象等层面全幅化提升的重要原因。而且更重要的是，从业园工（员工）在社会福利、劳动保险甚至是休息休假等等方面都有保证。正因为集约化的经营管理的实施，经营效益以及发展规模都得到了保证，而且顾客群体相对稳定，整个产品线从生产、到加工、再到分销，自主性价格确立也完全可以体现出现。

第二，集约化的经营管理有效降低了农业生产资料的投入成本。农园所应用的肥料重点是有机化家畜粪便以及园内加工大米、大豆等产品所形成混合剩余物。依托日本农林机构所规制的有机农产品的标准，在有机农产品生产过程中，乳牛产生的粪便不可以作为肥料应用，主要是奶牛在喂养过程中相关的饲料可能含有添加剂，因而唯有应用草料所饲养的肉用牛的粪便。于是农园和一些养牛场签订协议，专门廉价选购草料所饲养的肉用牛粪便，免费运回后自己进行发酵等有机处理。这样，首先在肥料投入上就实现了最大化的投入降低。

第三，农业产业的法人化运作增加了农园的额外性收入。由于该处农园实施的农业法人方式的经营管理，所以有时候还受到附近一些零散产业农民的作业委托，进而在农产品收获、加工等层面实施外部化的有偿服务，这样就增加了农园其他收入，这些资金可以对产业投入进行有效的弥补。

6.1.2　与旅游观光相结合，日本葡萄酒展开多样化营销

为了有效拓展一系列农产品的营销量，日本的很多山地区域均把种、养、加农业产业与休闲旅游观光等经营性产业有机地衔接起来，从而促进了流通渠道拓宽，增加了产业农民的经济收益。

岛根地区的葡萄酒销售就是依靠休闲旅游观光等经营性产业来实施全线拉动的。该地区多家葡萄生产公司本身就采用了花园式的厂区建筑格局，厂区内绿树如荫，花卉竞艳，

引人入胜。当消费者来此观光旅游时，当然可以到葡萄园区参与采摘、品尝等有趣的活动，还可直接到酿酒公司的内部超市随意品尝不同品牌的葡萄酒产品，甚至可以挑选一些富有特色的绿色农产品。自然酿酒公司也会借机推销自己的品牌和文化理念，比如葡萄酒类的酿造历史、工艺流程、产品功能、价格让利等。优雅的环境氛围和品牌营销战略联袂融合，充分凝聚了消费者忠诚度。据了解，仅是岛根葡萄酒公司每年就要接待游客 130 多万人，而且公司产品有 70%以上属于旅游者购买。

横田町的一些葡萄酒小型公司，应用的也是有效融合种植与加工以及休闲旅游观光为一体的经营运作方式，在实施重点上是应用传统模式生产一定数量的葡萄酒，并展示富有魅力的生产工艺和营销自身的产品，以此来打动和吸引游客前往。

6.1.3 发挥山区优势，发展特色山区农业[①]

日本的静冈地区地处东京与大阪两个城市之间，与太平洋毗邻比邻。东西长为 155 公里，南北宽度为 118 多公里，并且沿着远州、骏河、相模三个滩湾而展开。境内山地总面积占到 65%以上，河湖的占比为 3%。该区域的年平均气温为 17℃左右，年降水量可以达到 3 390 多毫米。除北向的山地区域之外，基本上归属于温和类型的海洋性气候，尤其是平原区域冬天也很少降雪，属于非常典型的四季分明的地区

① 资料来源：http：//baike. baidu. com/link? url = RykFAvxfyrxJyxQzA-JHHbZoKp - BXaLCSFVRBi5dxaz - 4O43kH - s23vNbF8A9LRjZ.

之一。

静冈县在农业产业的创新发展过程中，充分应用山地区域比较特殊的自然生态条件和季节特点，规模化发展商品茶的产业，各类茶叶的产量可以占到日本的24%以上，商品茶产业的经济收入占到全区域农业总收入的25%以上。另外，他们还充分应用富士山地区积雪融水清澈的优势，饲养营养价值很高的红鳃鱼，为当地产业农民带来了非常显著的经营效益。

6.2　国内山区经济多样化或规模化发展的实践

6.2.1　西藏沟域多样化耦合模式的初步尝试

1. 西藏沟域生态型经济概况

我国的西藏地区居于青藏高原的西南侧，平均海拔达到4 000米之上，被称为世界屋脊以及地球第三极。当地农牧民大多依傍山沟山岭而居住生活，这就是著名的地理概念谷地。沟中常年有流水，若是逐沟而行，海拔越高的地方，越是寒冷。沟的最上部才是耐寒的绵延草地，所以在这种情况下只能实行畜牧生产，而不能选择农耕方式的运作。沟的顶部向下延伸的中部区域地带，囤积着资源丰厚的可以充分放牧的高山型草场，此区域已经开始拥有规模一般的耕地，几乎可以和农牧业平分秋色，从而形成了一个规模不是很大的半农半牧类型的特殊区域。由于农耕类型的农民难以实现有效的迁移，所以这种半农半牧类型特殊区域的居民大多数已经实现定居并逐渐形成了一种村寨居住模式。村寨布局地基本上属于山沟底部的地势平坦区域，由于大多毗邻江河，所以对耕地的灌溉十分有利，人口也相对更为集中，交通方面相对来说也比较方便。西藏地区主要耕地依托这些区域而分布，并渐渐形成了人口相对密集的聚居镇区。在西藏地区，人口聚居程度和经济发展程度较快的应该算是藏南地区的谷地区域，在地理位置上是西起萨噶的一条长度大于 1 200 千米、宽度大于 300 千米、并地处喜马拉雅冈底斯山与唐古拉山之间一条沟底中，绝大多数农牧民居住在这里，相关的产业经济方式也基本上是在相对封闭的沟内实施。因此此处的沟域经济具有非常鲜明的特点，当然制约和影响经济的因素也比较明显：

一是，沟域的客观存在逐渐形成了传统意义自我输送方式的经济形式。因为这里的山沟相对来说非常封闭，所以每条山沟完全可以看作一个系统而又独立的经济体系。当地农牧民依据地力特征进行耕种运作，依托草地的肥沃实施放牧运作，资源的禀赋也对生产布局起到了关键性的定位，而土地资源的承载能力又对产业给予了方向性的定位。所以这里的产业结构在核心上来讲，重点是依托沟域内纵向化的人力资源进行物物交换之类的产业交易。在生产性的环节中，产业农民普遍对自然生态法则非常尊崇，并依托这种尊崇实施产业的落点布局，从而有效维护了产业活动与自然生态的全面均衡。在消费层面上，消费的倾向性显然会受到资源以及生态环境的制约，从当前来看，整体消费水平和资源的承载力基本上保持着一种均衡。

二是，高山和深沟对当地居民在物资和信息等层面的沟通交流形成了实质性的阻隔。虽然山沟的封闭化特征正在被时代逐渐突破，交通以及通讯条件可以说已经有了根本性的改变，在一些中心城镇甚至可以说是很发达。但是尽管如此，生活在沟中的群众依然缺乏走出山沟到外面拓展更加丰富的产业活动的思维和勇气。在客观封闭的自然生态和经济发展迟缓的格局面前，当地居民不仅缺乏与恶劣环境进行有效抗争的能力，也缺乏一种相应的信心，因为传统的道德文化所倡导的是敬畏苍天，而不是去人定胜天。这种理念所导致的结果就是，人们只能依托沟中的资源所输送的产出，进行消费以及再生产的部署。为了保证人与自然的均衡，居民们选择了牺牲自己的消费。

三是，畜牧业与种植业双向低效。由于沟域中的可耕地以及草地分布分散，且海拔较高，地形特征复杂，产业运作交通局限显著，再加上气候条件和信息沟通难以迅捷，所以很多牧民依旧选择传统意义上的逐水草而居住的放牧和生活习惯，从而导致交通和自然环境相对较好的草地区域被过度化放牧利用，而那些交通和自然环境相对较差的草地区域却形成了大量可利用资源的严重浪费。忽视质量，单纯追求数量，超载严重是当前山地农牧业发展过程中遇到的最大瓶颈问题。而且经营模式粗放化，导致草料转化效率很低，产出效益非常之少。比如在夏秋两季节牧草充足且营养价值较高，可以适应牲畜生长发育的整体需要。但是在冬春两季牧草枯黄，营养价值降低，在牧草贮存量不足的情况下导致很多存栏牲畜营养不足，制约了养殖效益的提升。

2. 西藏沟域多样化经营运行模式

西藏地区目前实施的双圈耦合发展模式比较普遍，这种运作模式重点涵盖了两个方向耦合：一是实施沟域沟顶繁育、沟谷育肥的产业发展机制。二是实施沟域的支沟繁殖、干沟育肥的发展机制。同时对沟域系统内的一系列种植、畜牧以及果蔬等产业实施纵深化耦合，有效挖掘和利用沟域经济的潜能，将不同的产业类型实施合理有序的组合，并依托资源产出配套实施加工、运输等新型产业，形成独具地方特色的产业链条。这样一来，使沟域经济在民族经济创新发展中的重要作用得到了最大化发挥。

（1）**畜牧业＋种植业产业链模式。**这种模式的核心重点是根据当地的饲料资源，有针对性地实施畜牧与种植两个产业的有机衔接，应用畜牧业育肥所提供的大量有机肥料来提升可耕地的土壤肥力，从而实现绿色种植输送丰富畜牧饲料→畜牧饲料推进到生态养殖→生态养殖提供有机化肥料→有机肥料涵养绿色种植的良性循环结构。例如将玉米、小麦等作物的秸秆经过青贮化处理后充分转化为优质畜牧饲料，支撑畜牧养殖业健康发展，将牲畜粪便经发酵处理后形成有机的肥料应用于农作物的种植过程。

（2）**畜牧业＋绿色蔬菜产业链模式。**目前，西藏地区的沟域经济系统中，已经组建了富有价值的畜牧业与绿色蔬菜种植业联袂糅合的发展方式。该模式重点依托农家的庭院或者田园，实施过程中把畜禽舍与日光温室种植大棚融合连接成一个能源生态链，从而促进各项资源的合理配置。利用蔬菜种植生产无公害或者有机蔬菜，用养殖业的粪便进行返田追肥，同时应用自然光照等资源辅助畜牧产业。从实践来看，该模式对于促进农业产业结构的调整、促进农民增收以及实现牧区经济的可持续创新发展起到了重要的推动作用。

（3）**粮食、蔬菜、畜产品加工产业链模式。**西藏地区一江两河流域经济在粮、菜以及畜牧产业层面上具有得天独厚的优势条件，所以在科学设计的情况下，适度增加粮食和蔬菜产业的规模量，依托畜牧现有资源发展深加工和区域物流等新型产业，对于促进区域经济创新发展至关重要。因此，在原料、加工以及流通一系列的环节，充分实施新科技和新工艺的系统覆盖，建立全程化质量监控调控系统，同时发展高新技术类型的果蔬保鲜贮运、果蔬汁加工、果酒酿制等符合城市时尚需求的组合产品。而且在生产过程中，一些果蔬皮渣等剩余物质完全可以作为发展养殖业的饲料补充。种植产业所生产的粮食，也可以作为牲畜养殖产业所需的饲料来源。面粉可直接向市场领域投放，麸皮等剩余品和秸秆等加工成饲料。依据畜牧产业的特征，至少可以通过两个核心环节实现增值：一是乳制品加工制造，即把乳牛产出的原奶，通过精细化加工形成含乳类型的饮料、食品以及酸奶等，形成一个乳制品为纽带的产业链条。二是肉类产品加工。主要是将养殖业生产的家畜家禽进行精细化加工，生成排酸肉、火腿等延伸产品。应用这种精细化的加工来推动养殖业的全面创新发展，促进整个农业运作结构的全方位优化。

6.2.2　青海祁连县沟域畜牧业适宜规模的逐步探索

1. 青海祁连县沟域生态型经济概况

青海祁连县境内天然草场十分辽阔，总面积达到 117 万公顷以上，在该县土地资源中的占比达到 80%以上，而且规模较大、类型繁多、草质优良，是青海省非常重要的畜牧业养殖基地，也是我国藏系羊等珍贵畜牧品种的资源保留区。境内畜牧产品丰富多样，藏系绵羊肉被人们誉为天然野味，享誉四方，还有被誉为肉牛之冠的高原式牦牛肉等，富有鲜明的地方特色，是流通市场中的上乘商品。据大致估算，该县年产牛羊肉可达万吨以上，另外羊毛、牛绒、牛奶以及其他衍生产品的总量也都很大。近年来，该区域围绕树典型、抓示范以及点面启动、整体推进的创新发展思路，初步构建而成了远近闻名的规模化畜牧产业发展示范点。野牛沟等乡镇还相继建成了畜牧良种繁育产业基地以及牛羊繁育产业协会，联合自愿融入的农民实施集约化经营。

2. 畜牧业规模化经营试点运行模式

（1）**调整经营方式，实施草场优化整合。**在区域畜牧产业集约化发展的过程中，主要是在保持草场经营主体不变的前提下，实施草场管理权限和使用权限的适合化分离，这样做主要为了健全完善草场使用权限的流转机制，以便依法维护和保证相关各方的合法权益。实施过程中，对农户的牲畜实施定量整合，按草质实施对应的配畜，并根据气候和生态自然环境发展有潜力的饲草料培育基地，依托牧草分布的基本特征以及布局性的围栏构建，做到轮牧的利用合理清晰。对牧民则按照草场总面积、质量层次等特点组建对应的畜种类型，从而实现经营效益最大化。比如在冬季，草场以生产性母畜和繁育性质的良种畜牧为经营主体，在秋季草场则以羔羊育肥以及商品羊的育肥为经营主体，实现对应性的产业增值。

（2）**统一建设标准化的牛羊暖棚。**重点是整合基础性的设施，对现有产业个体实施方向性的整合，如居住环境、养殖业的基本化设施等，都要实施统一系统的规划和利用，提升牛羊区域暖棚的综合利用率。同时对现有的冬季草场资源实施分隔围栏类型的统一规划布局，落实产量、放牧程度等，全面提升草场空间的利用率以及综合效益生产力。

（3）**打造祁连山草原风情文化旅游节。**重点是不断加大对祁连地区的外宣和推介力度，全面促进区域文化、贸易交流以及凝聚能力的增强。通过举办区域草原风俗风情文化旅游、祁连天境舒畅行等主题活动，向社会广泛推送以原始森林意象美感为核心的草原生态自然游、饮食文化民俗民风游等旅游形式，全力提升产业的品牌魅力。

6.2.3　北京沟域生态型经济多样化和规模化发展

1. 北京门头沟妙峰山玫瑰谷沟域生态型经济发展的多样化经营模式

（1）**北京门头沟妙峰山玫瑰谷沟域生态型经济概况。**门头沟区位于北京城区的西南侧，全境内98%以上的土地资源为山林地，是北京地区首屈 指的纯山区。而且整个区域坡陡山多、平原罕见。妙峰山的玫瑰谷沟域居于门头沟区境内，沟域内共有陇驾庄等6个行政村，总面积为40多平方公里。在种植产业方面，主要以玫瑰、京白梨、商品樱桃为重点，境内景点众多，在创新发展上独具优势条件。也正因如此，门头沟区政府在政府工作报告指出，应该以妙峰山景区为辐射源，统筹抓好各个环节和层面的基础性设施建设，注重特色产业培育，以便打造出区域知名经济品牌的优势。

（2）妙峰山玫瑰谷沟域生态型经济发展的模式。

①都市型现代农业发展模式。妙峰山的玫瑰谷沟域有一个叫担礼的村庄，栽植京白梨已达400多年的历史，早在清代顺治年间便开始种植规模化的梨园。此地生产的京白梨味道醇厚、皮薄、液汁甜润、肉细清香，曾经一度为进奉慈禧太后的圣果。同时因为沟域内温差很大，所以山地气候资源呈现出多样性的特点，非常适宜培植樱桃等水果，而且还盛产玫瑰，具有悠久的历史。各类玫瑰花产品重点是销往天津地区，由天津地区加工制作玫瑰油在市场营销，北京地区作为自产地做成玫瑰酱，以搭配食品和糕点为主，来提升风味特色。玫瑰产业以狼洞村为代表，该村的玫瑰产品以花大和瓣厚闻名。在发展沟域经济过程中，注意发挥这些层面的品牌优势，大力实施品牌营销，逐渐形成由玫瑰、京白梨、盖柿、樱桃所组成的一花三果发展基地，打出响当当的品牌形象。目前，该沟域年产各类玫瑰花可达40多吨，樱桃的总产量也是逐年递增，农民还在政府的支持下举办了樱桃节，以观光采摘等营销模式，吸引了大量游客前来，提升了销售效益。京白梨的种植面积目前也已经发展到千亩以上，发展势头相当喜人。盖柿的年产量已经达到150吨以上，因肉质细嫩深受市场欢迎，效益非常显著。

②文化旅游产业发展模式。玫瑰谷作为当地曾经一度闻名四方的十大老景点之一，坐落在华北地区宗教名山妙峰山西侧的大沟村，这里的沟域中文物遗产较多。妙峰山景区是我国AAA级景区，久负盛名，娘娘庙、山塔、西寺、灵观殿、上香古道等景点名气颇大。仰山栖隐寺作为千年古刹更是名声远播，最初是辽代皇室的定点寺院，兴建于唐代早

期，在辽、金两代渐渐盛行，附近有80多处仰山塔林，后山还建有尼姑庵，建筑格局呈现出大气宏伟的特点，显示出鲜明的皇家风范。此外还有庄士敦别墅、滴水岩、黄檀树林园以及摩崖石刻等。其中，山塔等景点早已被列为北京地区的重点保护文物单位。

沟域内还有一个最吸引人的活动，这就是当地的传统庙会。据统计，这里的庙会形成于明代，到今天已经有400多年的历史。庙会的举办时间是每年的农历四月初一到四月十五，届时，来自四面八方的善男信女数以万计，所汇聚的民间花会达到几百档之多，上香朝顶，酬山献艺，场面蔚为壮观。清代文人敦崇在所撰写的游记散文《燕京岁时记》中写道：开庙半月、香火极盛、人烟辐辏、实可甲于天下。庙会早已被确立为北京地区的重点非物质文化遗产。

当前，该沟域拥有市级的民俗村1个、区级3个。每年接待旅游观光和休闲采摘消费者达到80多万人次，旅游产业的纯利润达4 000多万元，是经营效益非常显著的产业之一。

③有机农产品深加工产业发展模式。妙峰山风景区以原生态类型的高山自然环境为主，水源清澈，空气怡人，自然条件得天独厚，这也是形成花朵巨大、娇艳夺目、清新清香的高山玫瑰的主要原因。但是一直以来，因为技术及资金投入不足，对这一特色产品的改良以及开发应用程度很低，每年仅仅是采花销售而已，每亩的经济收益不足500元。后来因市场中玫瑰精油需求强烈，当地政府便在2005年投资组建了北京玫瑰公司，这是一家集高山玫瑰特色产品种植以及加工、研发、营销为一体的科技型农业产业公司，开业不久

即被国家农业部挂牌列为全国特色农业产业示范基地。目前，该企业研发的玫瑰精油在市场上非常畅销。

根据公司的发展战略定位，重点是对玫瑰种植基地实施进一步的规划设计，在经营管理好玫瑰园的同时，在百花山区域投资开垦50多公顷荒山新辟种植基地，已经初具规模。同时，公司还积极实施“公司+农户”的模式引导当地农民进行玫瑰花产业的深度开发，并出资选送优秀青年农民到外地参观学习。公司还向这些青年农民免费供给苗木以及技术资料，并签订保护价产品回收合同。这些战略提升了产业凝聚力，目前群众的种植总面积已经达到133公顷以上。

与此同时，公司还牵头组建农民种植合作社，已经有100多个种植大户申请加入。合作组织以互惠互利为核心宗旨，对营销市场的趋势以及风险进行分析评估，有力地维护了种植农户的利益。玫瑰花不仅可以在荒山坡地生根开花，而且每亩可以为农民带来1 500元以上经营收入，在经过全面加工增值以后，每亩的经营收入可达万元以上。

由于玫瑰精油在精细化加工过程出油率较低，5吨花卉只能出油1千克左右，因而产生了大量的剩余物质玫瑰泥。为了防止污染并降低资源损耗，公司组织了规模化的科技攻关，相继试验成功利用玫瑰泥提取玫瑰胶原以及玫瑰色素，这些珍贵衍生产品的研发，为公司带来了非常显著的经营效益。

每年进入6月，山区沟域的玫瑰花便开始芳香扑面，预示着观赏和采摘季节的到来；游人络绎不绝，有偿采摘更让农民增收显著。玫瑰花种植业的发展，不仅增加了农民的经营收入，而且也辐射带动了沟域休闲观光旅游产业的迅速崛起。

2. 北京怀柔“不夜谷”和“夜渤海”沟域经济旅游的规模化发展

（1）怀柔“不夜谷”和“夜渤海”沟域产业带经济概况。怀柔区的不夜谷以及夜渤海沟域经济带，是京郊地区最早组织开发的沟域经济带。地处于怀柔城区北侧大致4公里处，属于北温带气候，呈现冲积扇面特征，其中山地面积非常广阔。区域内林木、山泉以及旅游资源丰富多样，其中自然林木的总覆盖率达到了88%以上。小麦、玉米是境内的主要农作物，主要物产有著名的虹鳟鱼、中华鲟以及质地优异的天然矿泉水、干鲜果蔬等。

整个沟域自然生态环境优美，风景怡人，西临著名的慕田峪长城以及千年古刹红螺寺，古长城在其境内有40多公里蜿蜒盘伏，一系列的自然和人文景观各有千秋、富有特色。目前已经开发的新型产业有景区游览、垂钓虹鳟鱼、民俗民风旅游、果蔬采摘等。虹鳟鱼一条沟以及市级的新农村建设试点村享誉京城。目前开发的景区景点有神堂峪风景区、乡间情趣园以及濂泉响谷等，是集餐饮、休闲娱乐以及商购为一体的旅游胜地。

（2）怀柔“不夜谷”和“夜渤海”沟域经济休闲旅游发展的模式。在发展山区经济的过程中，当地政府依托资源特征和区位优势，确定以“不夜谷”和“夜渤海”为开发主线，全面推动新型农业产业创新发展的战略目标。机制举措重点体现在以下几个层面：

一是大作“吃”的新文章。为了更好凝聚消费者群体，沟域首先建成了让人流连忘返的虹鳟鱼一条街。烧烤类型虹鳟鱼佳肴以及富有特色的农家饭成为消费者的追求。虹鳟鱼原是美国山区小溪中的一种自然冷水鱼，伴随着神堂峪风景区的开发，虹鳟鱼也被引进沟域。在菜肴的做法上，当地农民研发了多道菜谱，可以根据游客的需要随时调整，其中以红烧型、清蒸型、侉炖型、烧烤型以及生吃鱼片型较为常用。甚至连鱼骨都能做成佳肴美味，如酱鱼骨、连酥鱼头等，都是游客常点的名菜。除虹鳟鱼佳肴之外，还有著名的栗子肉、烤全羊、野菜团等农家菜饭，让人回味无穷。

二是通过“住”字找感觉。结合特色对重点村户实施文化升级，让游客群体充分感受不同的沟域居住文化。沟域共涉及自然村 13 个，周边是神堂峪和莲花池风景区。沟域内设有自然生态、红螺文化、休闲垂钓、度假养生等专区以及山吧、劳模山庄等百余处休闲度假场所。其中劳模山庄类型的客房布置有山间木屋等，游客可以随时品茶赏景，也可登古长城观赏山水美景。各处休闲度假场所都设置了风格迥异的住宿环境，有的温馨浪漫，有的古朴自然，有的热情奔放，可以适合不同消费者的需求。

三是在“行”上走新路。近年来，沟域沿着绿色环保的总基调稳步发展，整个开发建设以维护生态自然环境和节约土地资源为原则，以提升产业效益为目标，以尊重农民的心愿为方向，相继突进了绿色生态餐饮走廊建设、绿色化的生态观光旅游档次提升等项目建设，提升了旅游接待的服务整体质量和文化内涵。通过对沟域的绿色环保化建设，为游客群体提供了更加人性化的产业服务，促进了经营效益的最大化实现。

四是在“游”上燃亮点。为充分吸引游客和提升品牌能力，当地政府机构在每年的黄金周期间都要联合一些休闲度假村实施优惠服务活动，不仅在价格上实施优惠，还免费增加文化项目，相继组织了狮子舞、威风大锣鼓、北方大秧歌、民间花灯会、二人转等项文化表演，甚至还专门邀请四川音乐学院等艺术团体前来演出，提升了游客群体的归属感。

五是在“购”上出花样。比如渤海镇就构建了具有当代意义的夜渤海模式，这一模式的起点在怀柔城区，南到关渡河，北到慕田峪的环岛，全长达到7.5公里以上，两侧丘陵类型的浅山均种植了核桃、板栗特色果品，并主要以明代遗存板栗作为品牌形象，实施旅游和沟渠联袂促进的发展战略。游客群体在观光旅游的过程中，还可以直接选购核桃、板栗特色干果，这些干果质优价廉，成为游客心仪的选择。

六是在“娱”上找体验。沟域内的不夜谷通过组织举办节庆旅游活动的方式吸引游人光顾。早在2008年，就举办了以迎奥运放飞心愿为主题的风筝会活动，同年还举办了多场风情民俗美食节，新增游客20多万人次，实现产值2 000多万元，社会和经济效益十分显著。近年来，游客接待连年递增，每年可以实现旅游综合收入1.7亿元以上，农民人均增收4 000多元，成为沟域旅游产业的新亮点。

七是在组织上进行创新。强力推动沟域旅游业的创新发展，沟域组建了民俗旅游协会等联合组织机构，以民俗旅游协会机构为载体，实施产业的管理和新产品研发，并在基础设施和服务能力上实施创新性建设，从而促进了接待能力和品牌形象的提升。

6.3 国内外山区经济多样化或规模化发展对北京的启示

综合国内外山区经济尤其是沟域经济的规模化、多样化创新发展，对于京郊地区沟域经济的创新发展可以带来如下的启示：

1. 应依据不同沟域的资源特点，选择各自适宜的主导产业进行特色定位

通过对一些发达国家和地区在山区产业创新发展过程的对比研究，可以看出，国内外沟域经济的一系列主导产业选择基本可以总结为粮油种植、果蔬生产、畜牧养殖、生态资源开发、休闲观光、当代旅游六个层面。因此在产业选择时应充分立足各个沟域的资源特征来实施定位，进而选择适合展示自身优势并具有发展潜力的新型主导产业。京郊的山区作为首都的重要生态屏障，一方面受到生态自然涵养以及水源保护机制的限制；另一方面又可以受益于北京地区不可替代的重要国际大都市的巨大旅游资源。所以，在政府机构的倾斜扶持下，沟域经济的开发应该以都市山区的当代新型农业产业和休闲观光旅游产业为主方向，并应用生态涵养的创新发展来促进乡村产业培育能力的提升。沟域经济在创新发展过程中，应注意对一系列资源的整合，做好开发产业项目的规划和论证，促进产业结构更加完善，促进经营效益的最大化实现。

2. 应根据经济发展水平积极探索提高规模经营水平的有效形式

由于山区农村相对比较封闭，一方面受到自然因素影响的程度较大；另一方面就是受到市场因素影响的程度又较低，可以说在无形中决定了沟域经济往往具有旺盛的传承延续能力。因此沟域主导产业的确立定位必须依托现有的主导产业优势进行创新发展。同时，由于山地区域的劳动力资源普遍文化素质不高，在产业选择上往往存在被动因素，因此，要大力发挥地方政府机构的主导作用。对京郊山地区域的主导产业定位，在充分考量区位实际的基础上，对沟域经济系统内各村居原有的主体产业实施定向考察，最后组织相关专家、政府决策成员以及当地农民进行分析论证，进而选择一种具有发展潜力但又不影响原主体产业特色的开发模式。

3. 重视行业协会的组织作用

行业协会是依托农业企业的共同利益实现和维护农民的合法权益而依法构建的自律性、非盈利化的产业管理组织。定向服务、自我管理约束、权益保障以及协调是这个组织的核心职能。假如山区也组建这样的组织，并应用这些核心职能为山区的旅游产业以及农民提供服务，那么就可以迅速形成良好的内外部发展环境，促进山区旅游产业整体服务能力、市场竞争能力以及经营效益的全面提升。所以应该对行业重点协会倾斜扶持，推广示范具有强力带动辐射能力的专业合作经济组织，实施公司、基地和农民的高度融合，并按照绿色化、原生态化以及标准化组织生产，以利于全方位推动产业关联度的提升，提高经济效益。

4. 重视产业与当地环境和文化的融合

山区沟域在自然生态以及资源上拥有自己的鲜明特点，特别是处于城市周边地区的沟域，一系列的产业开发和创新发展可以说都与现代观光旅游业存在着千丝万缕的关联。因此，应把开发建设的主要方向放在挖掘和应用旅游文化资源上，依托本质化、草根化的地方优势进行发展提升，重点是促进传统文化与生态自然以及新型涉农产业的高度融合。在品牌宣传推送时，应与旅游地宣传有机衔接，不仅依托旅游地的品牌形象为农产品实施宣传，更要依托农产品的个性特色推介旅游文化，促进消费市场的进一步拓宽。

5. 规模化经营的对象要有选择性

在实现沟域经济创新发展的过程中，为有效促进规模效益以及产业聚集效应的全面提升，还应该对一些地方化的知名土特品牌实施规模化发展。理所当然，由于受到产品特征以及加工手段的局限，一些土特产品只能进行少而精的发展，很难实施科技化、规模化的运作，因为这样做容易丧失这类产品的原本意义。所以在适度规模化发展时还应注重传统生产方式与当代新科技的全面协调。运用现代生产方式未尝不可，但是一些土特品牌的原始内涵要尽力保持，这也是这些产品可以一代代传承的根本原因。

6. 应注意沟域有机食品加工业产业群的培育

沟域在种植业的开发上由于受到自然生态环境的制约，所以适宜小规模发展有机类型的农作物。因此，政府机构应该对绿色化和特色的食品种植以及加工基地给予倾斜扶持。根据区域产业和品牌优势，整合一系列的种植和加工资源，特别是加工规模上要适度扩大，将发展重点放在牛奶加工、大豆、玉米、薯类、干果等绿色食品的精细化生产上。依靠新的科技，推进绿色农业产品的深加工增值。在这个过程中，要大力培育绿色有机蔬菜以及其他特色产品的加工龙头企业，强化品牌发展战略思维，构建具有较强竞争能力的产业链条，创建绿色农产品种植以及加工的新型产业集群。

附　　录

北京城区消费者沟域景观旅游调查表

A　标识题

A1. 您在近两年去过的印象最深的京郊山区休闲消费点属于以下________区（县）。

A11 怀柔　　A12 房山　　A13 密云　　A14 平谷

A15 门头沟　　A16 延庆　　A17 昌平

A2. 游览景区或项目的主要名称是____________________。

A3. 请按您已经游览过的实际感受，对去过的这个区域所包含的各类景观，按您的喜欢程度进行排序（若只有一种不必排序）__________。

A31 干鲜果品采摘、林果及其他特色种植类风景的观游（林业、果蔬等种植业）

A32 水产、禽、畜等特色养殖类相关的互动体验和观赏（渔业、畜牧等养殖业）

A33 种植业和养殖业复合的特色农业景观游览（种养复合农业）

A34 乡村特色民居、民俗文化体验游（餐饮、住宿、传

统手工艺或加工品制作、文艺、特色风俗等）

A35 以山、林、雪、溪、河或森林公园等为主的自然景观游

A36 以古村落、长城、庙宇道观等历史遗迹为主的人文景观游

A37 自然景观与人文景观兼顾的复合风景名胜游览

A4. 若您参与多种游览类型，您排在首位的游览点、观光园或民俗村等与农相关的项目名称具体是＿＿＿＿＿＿。

A5. 若您的主游是自然风景或历史名胜，顺便游览邻近区域与山区农业、农产品和农民有关的项目主要是＿＿＿＿＿＿。

A6. 您近两年共有＿＿＿＿＿＿次去此景区体验与农有关的游乐，您还打算再去吗＿＿＿＿＿＿？

A61 是　　　A62 否

A7. 您是否愿意将它推荐给同事或亲朋＿＿＿＿＿＿？

A71 很愿意　　　A72 较愿意　　　A73 无所谓

A74 不太愿意　　　A75 坚决不愿意

A8. 您愿意自己或带人再去该区域几次＿＿＿＿＿＿？

A81 3 次以上　　　A82 3 次　　　A83 2 次

A84 1 次　　　A85 0 次

A9. 如果您打算再去，主要原因是＿＿＿＿＿＿。

A10. 如果您不打算再去，主要原因是＿＿＿＿＿＿。

B　基本信息题

B1. 您近两年去此地郊游，主要涉及的活动包括＿＿＿＿＿＿，其中您最感兴趣的是＿＿＿＿＿＿，最满意的是＿＿＿＿＿＿。目前尚未涉及但最想在下一步尝试的项目是＿＿＿＿＿＿。

B11 采摘　　B12 垂钓　　B13 骑马

B14 动植物生产或饲养（农活体验）

B15 观赏特色田园风光

B16 参观农业科普或农史主题展

B17 了解民间艺人传统手工艺

B18 购买传统手工艺品

B19 了解农产品传统加工过程

B110 购买传统加工的农产品

B111 农家吃住（农家菜、农村生活特色等）

B112 体验当地特色文艺或风俗（农村民俗表演等）

B113 参加地方农产品宣传活动节

B114 享受自然风光，放松身心

B115 游拜远郊宗教庙宇

B116 探寻远郊历史文化遗迹

B117 进入非开放农业区域猎奇

B118 其他，请写出________________。

B2. 与您同行者和您的关系是__________。

B21 家人　　B22 亲朋好友　　B23 单位同事

B24 游团成员　　B25 有工作关系的人员

B3. 与您同行的人数是__________。

B31 独自 1 人　　B32 2～4 人　　B33 5～7 人

B34 7～10 人　　B35 10～30 人　　B36 30 人以上

B4. 您选择去该景观或游乐活动时，主要考虑谁的需求意愿__________。

B41 孩子　　B42 配偶　　B43 老人　　B44 自己

B45 亲戚　　B46 朋友　　B47 同事

B48 其他，请写出__________

B5. 您去远郊旅游的主要目的是__________。

B51 社交或工作调研需要　　B52 享受美食

B53 身心体验（体验农业与农村生活）

B54 文化科普学习（教育）

B55 养生健身与娱乐　　B56 回归自然

B57 彰显消费个性　　B58 满足好奇心

B59 商品（农产品）购买　　B510 其他，请写出____

B6. 您去此地滞留的时间是__________。

B61 当天往返　　B62 过夜一晚　　B63 过夜两个晚上

B64 过夜三个晚上及以上

B7. 您的出游方式是__________。

B71 自驾车　　B72 坐公交车　　B73 随旅行社车

B74 团体包车　　B75 专线旅游巴士

B76 单位出车　　B77 出租车　　B78 骑自行车

B79 其他，请写出__________

B8. 您出游前曾经了解目的地信息的渠道主要是________。

B81 电视　　B82 广播　　B83 报纸（刊）

B84 亲友或同事推荐　　B85 网络　　B86 宣传印刷品

B87 相关管理部门组织的宣传节等推介活动

B88 主要企业或合作联盟组织的宣传活动

B89 手机短信收到的促销信息

B810 旅游指南书籍/手册

B811 室外广告或标识物

B812 旅行社提供的信息

B813 其他，请写出__________

B10. 您主要一次出游的花费情况是：

B101 门票约__________元

B102 游乐项目约__________元

B103 交通约__________元

B104 餐饮约__________元

B105 住宿约__________元

B106 购物（农产品与其他物品）约__________元

B107 其他，请写出：__________元

B108 总共实际花费大约是__________元

B109 您预先估计的花费预算是__________元

C 评价题

针对您主要一次的游览，请就以下项目给出您的评价。

C1 总体而言，您这次出游与去之前的想象相比较	远好于想象	好于想象	与想象相似	不如想象好	远不如想象
C2 各项游乐活动或景观的丰富性	很丰富	较丰富	一般	比较有限	非常单一
C3 出游区域内主活动或景观布局	很紧凑	较紧凑	一般	较分散	很分散
C4 主要特色景观或活动给您印象	很深刻	比较深刻	一般	印象不太深	没印象
C5 以您的观察，与“农”相关的景观或活动实际吸引团体游客的数量	很多	较多	一般	较少	非常少

（续）

C6 您认为本区域内主要活动项目或景观经营商的实力	很强	较强	一般	较弱	很弱
C7 主要配套服务设施	很全	较全	一般	不全	很不足
C8 相关人员的服务意识	很强	较强	一般	较差	很差
C9 您对游览区餐饮方面的评价	很满意	较满意	一般	较差	很差
C10 您对游览区住宿方面的评价	很满意	较满意	一般	较差	很差
C11 交通方面的评价	非常便利	较便利	一般	不便利	特别不便利
C12 主游览区与您居住地的距离	很远	较远	一般	较近	很近
C13 各项收费的合理性	很合理	较合理	一般	不合理	非常不合理
C14 针对性宣传与介绍的信息	很丰富	较丰富	一般	较少	非常少
C15 去此之前您了解相关知识	很多	较多	一般	较少	非常少

D　背景资料

1. 性别（调查员自填）：　A. 男　B. 女

2. 您的年龄段：

A. ≤18 岁　B. 19～24 岁　C. 25～34 岁

D. 35～55 岁　E. ≥56 岁

3. 您的婚姻状况：　A. 未婚　B. 已婚

4. 您的文化程度：

A. 初中及以下　B. 高中/中专或职高、技校

C. 大专　D. 本科　E. 研究生（硕士或博士）

5. 您所在的行业是：

A. 党政机关公务员　B. 事业单位管理人员

C. 事业单位一般工作人员　D. 企业单位管理人员

E. 企业单位一般工作人员　F. 自由职业者

J. 在校学生　H. 离退休者　I. 其他（请写出）

6. 与您一起生活的家庭成员每月的总收入范围是（所有收入都包括在内）：

A. ≤5 000 元　B. 5 001～9 999 元

C. 1 万～3.0 万元　D. 3.0 万～5.0 万元

E. ≥5 万元

7. 您家拥有住房总面积是：

A. ≤100 平方米　B. 100～200 平方米

C. 200～400 平方米　D. ≥400 平方米

8. 您家住房所在位置是（多套住房可多选）__________；您平时常住的位置是__________。

A. 3 环以内　B. 3～4 环之间　C. 4～5 环之间

D. 5～6 环之间　E. 6 环之外

9. 您家成员中有可用汽车（包括可用公车）的辆数是：

A. 0 辆　B. 1 辆　C. 2 辆　D. 3 辆及以上

调查日期：20 ____年____月____日

调查地点：北京市__________区____________________

调查人居住区域：北京市__________区________________

（最好是城八区市民）

调查方式：

A. 街头拦截访问　　B. 留置问卷

C. 入户访问　　D. 在消费现场调查

E. 其他（写出）__________

参 考 文 献

北京沟域经济发展研究课题组．北京沟域经济发展研究报告［M］//北京沟域经济的理论与实践．北京：中国农业出版社，2010.

蔡建池，黄昌鹍，等．利用地形气候优势积极发展多种经营［J］．江西农业学报，2010，22（4）：93－95.

陈国阶．中国山区发展研究的态势与主要研究任务［J］．山地学报，2006，24（5）：531－538.

陈俊红，曹均，易芷娟．基于典型调查的北京沟域经济建设经验研究［J］．生态经济（学术版），2012（2）：86－90.

陈俊红，李红，周连第．北京市山区沟域经济发展的探索与实践［J］．生态经济（学术版），2010（1）：57－59.

陈锡文，韩俊．关于农业规模经营问题［J］．农村工作通讯，2002（7）：9－10.

董建辉，呼忠文，王虎云．秦巴山区农业生态经济发展模式研究［J］．西北林学院学报，1997，12（4）：88－92.

董杰．农业产业化与农业适度规模经营［J］．农业经济，2000（10）：35－36.

董君，刘云，唐衡，史亚军，李多．北京沟域经济发展中特色民俗村的规划设计［J］．中国农学通报，2011，27（20）：297－300.

冯丽云，孟繁荣，姬秀菊．消费者行为学［M］．北京：经济管理出版社，2008：205－211.

耿玉春，邸焕双，等．发展农业规模经营的基本思路［J］．山西师大学报（社会科学版），2006，33（3）：25－27.

宫晶晶．我国服务贸易国际竞争力研究［D］．长春：吉林财经大学，2010.

宫力萍，王玉芳．我国实行农业规模经营的必然性和渐进性［J］．安徽农业科学，2008，36（10）：4289－4290.

高前善．农业规模经济、农业生产方式与我国农地狭小经营的根源于出路［J］．生产力研究，2007（2）：23－24.

郭照光，张春善，等．湖南农业综合开发多种经营项目建设实践与发展对策［J］．湖南农业科学，2003（4）：4－7.

郝利，王苗苗，钟春艳．北京沟域经济发展模式与政策建议［J］．农业现代化研究，2010（5）：549－552.

何忠伟，李昀，王有年．北京沟域经济发展的内涵与模式分析［J］．农业经济问题，2010（9）：105－109.

何忠伟，王有年，郑一淳，等．北京沟域经济发展研究［M］．北京：中国农业出版社，2011.

贺东升，刘华，张颖，薛正旗．北京山区经济发展现状及对策建议［J］．中国农业资源与区划，2012（3）：70－72.

胡艳霞，李红，周连第．北京沟域经济发展与问题［M］//北京沟域经济的理论与实践．北京：中国农业出版社，2010.

霍亚贞，杨作民，孟德汉．北京自然地理［M］．北京：北京师范大学出版社，1989.

贾林蓉．对农业适度规模经营的内涵理解和实现途径初探［J］．安徽农业科学，2009，37（35）：17716－17717.

贾伟．重新认识山区，促进沟域经济健康发展——北京农学院院长、北京都市农业研究院院长王有年教授访谈录［J］．经济师，2010（3）：6－9.

蒋和平，张忠明．北京市沟域经济发展模式研究——以门头沟区为例［M］//北京沟域经济的理论与实践．北京：中国农业出版社，2010.

李红，张凤荣，孙丹峰，等．北京西部山区1999年生态足迹计算与可持续性分析［J］．农业工程学报，2005（S1）：207－211.

李厚廷．农业规模经营问题研究综述［J］．徐州工程学院院报，2007，

22 (9): 27 - 32.

李京文．我国企业发展的专业化与多元化战略选择问题 [J]．经济界，2002 (6): 11 - 16.

李鹏，韩洁，等．北京山区发展现状与沟域经济研究 [J]．农业科技管理，2011，2 (1): 10 - 13.

梁明．风景这边独好——“品牌快车”革命圣地巡礼 [J]．中国品牌，2011 (7): 32 - 35.

刘浦泉，宗焕平．北京山区创出“沟域经济”发展新模式 [EB/OL]．新华网，2009 - 02 - 06.

刘彦随．山地农业资源的时空性与持续利用研究 [J]．长江流域资源与环境，1999，8 (4): 411 - 417.

刘颖，何佳琛，薛白．西藏地区沟域经济发展路径探索——以北京山区沟域经济发展为鉴 [J]．经营管理者，2014 (35): 161 - 162.

迈克尔·波特．竞争优势 [M]．北京：华夏出版社，1997.

彭文英，彭美丽，胡乐心．北京山区沟域经济发展优势与问题研究 [J]. 生态经济 (学术版)，2011 (1): 40 - 45.

彭文英，彭美丽，胡乐心．北京山区沟域经济发展优势与问题研究 [J]. 绿色经济，2011 (2): 40 - 45.

钱静．北京沟域经济发展研究观点综述 [J]．北京农业职业学院学报，2010 (6): 35 - 40.

任治君．中国农业规模经营的制约 [J]．经济研究，1995 (6): 54 - 58.

石村民．内蒙古农业多种经营发展现状与对策思考 [J]．内蒙古农业科技，2002 (2): 1 - 4.

史亚军，唐衡，黄映晖，等．基于山区产业发展的北京沟域经济模式研究 [J]．中国农学通报，2009，25 (18): 500 - 503.

汤自建．中国农村土地适度规模经营及其制度选择研究 [D]．武汉：中国地质大学，2008.

唐洋洋．中国外贸比较优势向竞争优势转变策略 [J]．合作经济与科技，2015 (16): 136 - 137.

王明锋．范围经济的产生机理及应用研究［J］．中国集体经济，2011（22）：61.

王胜．兴化市特色产业发展研究［D］．南京：南京林业大学，2012.

王晓红，郭翔宇．黑龙江垦区实现农业现代化的难点与对策［J］．黑龙江金融，2003（11）：56.

王有年．北京沟域经济理论与实践［M］．北京：中国农业出版社，2010.

王征宇．道路运输的规模化经营分析［J］．内蒙古科技与经济，2007（7）：59－60.

魏士银．制造业成本控制方法和实施的探索［D］．北京：首都经济贸易大学，2008.

吴松弟．以农为主，还是多种经营：近代泰顺山区的商品经济［J］．温州大学学报（社会科学版），2010，23（2）：16－25.

伍业兵，甘子东．农地适度规模经营的认识误区、实现条件及其政策选择［J］．农村经济，2007（11）：42－44.

伍业兵．试论我国农村土地使用权制度变迁的趋势和基本方向［J］．三峡大学学报（人文社会科学版），2005（1）：99－102.

夏英．农业现代化道路选择应多样化［J］．农村工作通讯，2008（1）：45.

向红玲，张侠，葛向东，彭补拙．土地经营适度规模的初步研究［J］．经济地理，2002，22（3）：351－355.

肖娟．四川农户水稻种植规模效率及其影响因素研究［D］．成都：四川农业大学，2012.

许锦英．我国农业规模经营的误区及其根源辨析［J］．理论学刊，2009（12）：59－62.

杨国玉，郝秀英．关于农业规模经营的理论思考［J］．经济问题，2005（12）：42－45.

于洋．对中国农业规模经营的理论反思［J］．长春大学学报，2004，14（1）：20－23.

张海亮，吴楚才．江浙农业规模经营条件合适度规模确定［J］．经济地理，1998（3）：85－89.

张瑞芝，钱忠好．农业适度经营规模初探［J］．扬州大学学报，1999（1）74.

张玮，马晓燕．北京沟域经济中人文景观特色的营造［J］．北京农学院学报，2013，1（1）：67－70.

张文茂，贺潇．沟域经济与带状集聚［M］//北京沟域经济的理论与实践．北京：中国农业出版社，2010.

张晓山．中国城乡经济社会一体化新格局中的农业、农村发展问题刍议［J］．经济经纬，2010（4）：1－8.

张亚．我国农业规模化经营的制约因素和扩展之路［J］．经济纵横，2004（6）：24－27.

张义丰，贾大猛，等．北京山区沟域经济发展的空间组织模式［J］．地理学报，2009，10（10）：1231－1242.

张自然．北京大手笔推进“三农”工作［J］．投资北京，2010（4）：28－30.

赵旭强，韩克勇．试论农业规模化经营及其国际经验和启示［J］．福建论坛（人文社会科学版），2006（8）：24－27.

周策群．适度规模经营：我国农业发展的必由之路［J］．中央财政金融学院学报，1996（10）：19－24.

周连第，陈俊红，李红．北京山区沟域经济发展的理论与实践探询［M］//北京沟域经济的理论与实践．北京：中国农业出版社，2010.

朱连奇，钱乐祥，等．山区农业土地利用模式的设计［J］．地理研究，2004，23（4）479－486.

朱希刚．种植业生产技术进步评价和经营规模对策［J］．农业技术经济，1991（1）：9－18.

Ansoff，H I.，Corporate strategy；an analytic approach to business policy for growth and expansion［M］. New York，McGraw－Hill，1996.

Ansoff，H. I.，and Edward J. McDonnell. The new corporate strategy［M］. New York：Wiley，1988.